카지노게임의 이해

고동완 · 손민호 공저

CASINO GAMES

국내의 모든 게임 수록 · 해외에서 유행하는 게임 수록

백산출판사

머리말

아시아권에서 카지노 복합리조트 유치에 대한 바람이 거세다. 이 정도면 광풍에 가깝다. 엄격하게 도덕을 강조하던 국가 싱가포르에서 경제 침체의 대안으로 선택한 카지노 복합리조트의 큰 성공을 지켜본 인근 국가들은 정부 주도하에 서로 카지노 복합리조트를 유치하려 애쓰고 있다. 싱가포르, 마카오는 이미 세계적으로 카지노 산업을 이끌어 나가고 있으며 필리핀, 캄보디아, 베트남, 러시아 등의 국가에서 카지노 복합리조트 건설을 진행하거나 계획하고 있다. 지금까지 카지노를 금기시했던 일본마저도 이제는 카지노 복합리조트 법안을 통과시켜 대규모 관광 선진국으로 도약하기 위한 발판을 마련했다. 우리나라도 예외는 아니다. 현재 인천 영종도에 소재한 파라다이스 시티 카지노 복합리조트가 운영되고 있으며 그 외 2개의 카지노 복합리조트가 영종도에 건설될 예정이고 국내 최대 관광지인 제주 역시 카지노 복합리조트 '신화월드'가 운영 중이다.

급성장하고 있는 카지노 산업과 마찬가지로 테이블 게임 역시 점점 변형되고 다양해지고 있지만 아직 국내 카지노 테이블 게임은 세계화 추세에 따라가지 못하고 있는 실정이다. 라스베이거스, 마카오, 싱가포르, 필리핀 등 해외 유수의 카지노 복합리조트를 방문해보면 국내에서는 볼 수 없는 게임이 상당수 존재하는 것을 알 수 있다. 신종 게임은 물론이고 바카라, 블랙잭, 포커 등 기존 게임을 변형하여 더욱 재미있게 재탄생시킨 게임이 다양하게 존재하는데 이는 다수의 엔터테인먼트적인 요소를 갖추는 것이 핵심인 복합리조트의 일환을 카지노에도 적용한 것이라 할 수 있을 것이다. 하지만 국내 카지노에 도입된 테이블 게임종류와 테이블 수를 보면 엔터테인먼트적인 요소보다는 소위 '돈 되는 게임' 위주로만 도입되어 있다고 보인다. 카지노가 도박이라는 오명을 벗어나 하나의 레저문화로 자리매김하기 위해, 국내 카지노 산업이 경쟁력을 갖기 위해서 다양한 게임을 도입하는 것도 장기적 관점에서는 필요한 부분이라 생각한다.

책에는 국내 카지노 관련 규정에 명시된 게임 중 국제적 추세에 맞지 않아 세계에서 찾아보기 힘든 오래된 게임 및 국내에 도입될 가능성이 낮은 게임을 제외하였고, 실제 국내에서 운영되고 있는 테이블 게임 10종과 국외 인기 테이블 게임 6종, 그리고 기타 게임 2종을 포함하여 총 18종의 게임규칙 및 배당금에 대한 내용을 상세히 담았다. 또한 기존 게임규칙을 변형한 변종 테이블 게임을 내용에 추가하여 독자의 카지노 테이블 게임 배경 지식을 넓힐 수 있도록 했다. 마지막으로 국내 카지노 및 세계 유명 카지노 복합리조트 현황에 대해 간략히 소개하였다.

본서를 집필하면서 무수히 많은 테이블 게임 중 어디까지 책에 포함시켜야 할지, 어떻게 더 쉽게 설명할 수 있을지에 대해 많은 고민을 했지만 양쪽 다 부족하여 아쉬울 따름이다. 다만 국내 카지노 테이블 게임규칙을 수합하여 분석하고 국내 카지노 운영 실정을 고려하여 기준을 정립했다는 것에 위안을 삼는다. 이 책이 카지노 임·직원 및 카지노정책 추진 업무를 하시는 분들에게 다양한 테이블 종류를 알릴 수 있어 국내에 새로운 테이블 게임이 도입되는 계기가 되었으면 하고, 카지노 전공학생들이 카지노 테이블 게임에 대한 지식을 더 넓힐 수 있도록 좋은 참고서 역할을 할 수 있으면 더할 나위 없는 영광으로 생각할 것이다.

차례

CHAPTER 01

바카라
Baccarat

Chapter

01 바카라Baccarat

제1절 게임 개요

1. 정의

고객은 PLAYER와 BANKER 중 어느 핸드가 이길지 예상하여 베팅한다. 비길 것을 예상하여 타이(Tie)에 함께 베팅하기도 한다. 베팅 후 딜러가 바카라 규칙에 따라 PLAYER와 BANKER에 카드를 드로잉하여 PLAYER, BANKER 중 9에 가까운 쪽이 이기는 게임이다. 게임이 비교적 간단하고 한 게임에 소요되는 시간이 짧기 때문에 회전율이 높으며 다른 게임에 비해 베팅이 큰 게임이다. 아시아 지역을 주 고객으로 하는 국내 외국인전용 카지노는 바카라 테이블을 카지노 전체 테이블의 70% 이상 배치할 만큼 아시아권 고객에게 선호도가 높은 게임이다.

2. 유래

Baccarat라는 말은 0을 의미하는 이태리어 Baccar에서 유래한 것으로 게임에서 카드 3장의 합이 0임을 뜻한다. 바카라는 이탈리아의 펠릭스 팔기에르(Felix Falguiere)라는 도박꾼이 고대 로마의 한 전설을 바탕으로 고안했다. 프랑스에는 찰스 13세 때 전파되었으며 Baccarat란 명칭으로 귀족 사이에 인기를 끌었다. 그 후 사회적 부작용, 세수확보 명목으로 합법, 불법이 반복되다 나폴레옹 시대에 전면 금지되었지만 1907년 합법화되어 정착되었다. 영국에는 에드워드 7세 때 Shimy라는 명칭으로 성행되었고, 미국에는 1912년에 도입되었으나 라스베이거스에는 1958년 최초의 합법적 Shimy 테이블의 등장 후 1959년 Sands 카지노에 Baccarat 게임 도입되었고 이후 Strip의 모든 카지노에서 도입하게 되었다.

제2절 테이블 레이아웃

1. 바카라 테이블 레이아웃

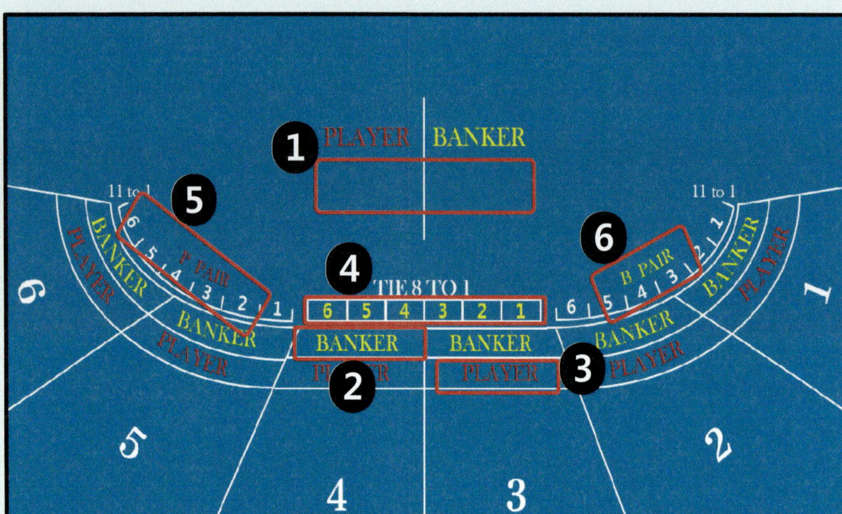

① 카드 드로잉구역 ② BANKER 베팅구역 ③ PLAYER 베팅구역

④ 타이 베팅구역 ⑤ PLAYER 페어 베팅구역 ⑥ BANKER 페어 베팅구역

2. 바카라 테이블 종류

구분	소(Mini) 바카라	중(Middle) 바카라	대(Main) 바카라
베팅 한도금액	낮음	→	높음
특징	(No Squeeze) • 고객은 카드를 만질 수 없음 • 딜러가 카드오픈	(All Card Squeeze) • 고객은 자신이 베팅한 쪽의 카드를 손으로 직접 오픈하여 볼 수 있음 • PLAYER, BANKER 중 같은 쪽에 2명 이상의 고객이 베팅한 경우 더 큰 금액을 베팅한 고객이 스퀴즈 진행	
테이블 사진			

① 디퍼런스(Difference) 베팅 시스템

카지노 VIP룸(일반고객은 들어오지 못하는 독립된 게임 공간) 게임 테이블은 대부분 바카라 게임 테이블로 채워져 있다. 이 공간에서 게임하는 고객은 베팅금액이 월등히 높은 하이롤러(High Roller : 고액베팅고객) 고객들인데 이 고객들을 위한 특수한 베팅 시스템이 Difference 베팅 시스템이다. 바카라 게임에서 Difference란 PLAYER 쪽과 BANKER 쪽 베팅금액의 차이를 의미한다. 쉽게 얘기하면 카지노에서는 일정금액 이상의 손해는 보지 않겠다는 의미이며, 고객은 상황에 따라 최대한도 베팅금액을 더 높일 수 있다.

바카라 디퍼런스(Difference) 베팅 시스템

테이블 미니멈, 디퍼런스 기준
– 테이블 최소 베팅금액 : 1,000,000원
– 디퍼런스 설정 금액 : 100,000,000원

A 고객이 PLAYER쪽에 6천만원을 베팅했을때, 다른 고객들은 PLAYER쪽에 4천만원 넘는 금액을 베팅할 수 없다. 디퍼런스 금액 1억원을 넘지 않는 범위에서의 베팅은 가능하다.

ex) A고객 PLAYER 2억원 베팅
VS
B고객 BANKER 2억 5천만원 베팅
→ 베팅 가능

② 리미트(Limit)

- 테이블 리미트 : 고객들이 총 베팅한 금액의 합산 금액의 최대한도 금액 지정
- 개인 리미트 : 고객 1명이 베팅할 수 있는 최대한도 금액 지정

제3절 바카라 카드의 가치

Card	Value
A	1
2, 3, 4, 5, 6, 7, 8, 9	Face Value 그대로
10, J, Q, K	0

제4절 게임 진행 순서

제5절 배당

1. 테이크(Take)

카드 드로잉 결과 값에 따라, 진 쪽에 베팅된 칩스 테이크

2. 페이(Pay)

ⅰ. PLAYER 이긴 경우 1배 페이(100%)

ⅱ. BANKER 이긴 경우 5%의 커미션을 공제하고 페이(95%)

노 커미션(No Commission) 바카라 테이블

BANKER가 이겼을 때 5%의 수익을 커미션으로 하우스 측에서 가져가는 것이 원칙이지만 다수의 고객이 BANKER에 베팅했을 때 딜러가 고객 모두의 커미션을 공제하는 데 상당한 시간이 소요된다. 따라서 5%의 커미션을 공제하지 않는 대신 BANKER 측 최종 카드의 합이 6으로 이겼을 때만 BANKER에 베팅한 고객의 베팅금액을 절반(50%)만 지불하는 방식이다. 게임 회전율이 높기 때문에 노커미션 바카라 테이블을 선호하기도 한다.

BANKER 카드 숫자 합 6으로 Win

BANKER 베팅된 금액의 절반 페이

ⅲ. Tie(타이) 베팅구역 베팅하고 PLAYER, BANKER 비긴 경우 8배 페이

Tie(타이)

PLAYER와 BANKER가 비길 것을 예상하고 타이에 베팅할 수 있다. 비긴 경우 Tie에 베팅한 고객은 베팅액의 8배를 페이받고, 이때 원금은 테이크 또는 페이하지 않는다. 비기지 않는다면 타이에 베팅된 칩스는 테이크된다.

제6절 게임규칙

1. PLAYER, BANKER 카드 드로잉 규칙

① PLAYER 카드 규칙 : PLAYER 최초 카드 2장 숫자의 합에 따라 추가 카드 드로잉 여부 결정

PLAYER 최초 2장의 카드 합	게임 진행 규칙
0, 1, 2, 3, 4, 5	PLAYER 에 한 장의 카드를 추가 후 가산
6, 7	스탠드온(Stand on) PLAYER는 카드를 더 이상 받지 않고 BANKER와 승부를 겨룸
8, 9	내추럴(Natural) PLAYER와 BANKER 모두 추가 카드 받지 않고 승부를 겨룸

② BANKER 카드 규칙 : BANKER 카드 합과 PLAYER 세 번째 드로잉을 대조하여 세 번째 카드 드로잉 여부 결정

BANKER 최초 2장의 카드 합	PLAYER 세 번째 카드가 아래 숫자인 경우 추가카드를 받음	PLAYER 세 번째 카드가 아래 숫자인 경우 추가카드를 받지 않음
0	PLAYER의 최초 두 장의 카드가 8, 9(Natural)가 아닌 경우 추가카드를 받음	
1		
2		
3	0, 1, 2, 3, 4, 5, 6, 7, 9	8
4	2, 3, 4, 5, 6, 7	0, 1, 8, 9
5	4, 5, 6, 7	0, 1, 2, 3, 8, 9

BANKER 최초 2장의 카드 합	PLAYER 세 번째 카드가 아래 숫자인 경우 추가카드를 받음	PLAYER 세 번째 카드가 아래 숫자인 경우 추가카드를 받지 않음
6	6, 7	0, 1, 2, 3, 4, 5, 8, 9
7	스탠드온(Stand on) BANKER는 카드를 더 이상 받지 않고 PLAYER와 승부를 겨룸	
8	내추럴(Natural) PLAYER와 BANKER 모두 추가 카드 받지 않고 승부를 겨룸	
9		

2. 순위

명 칭	카드 숫자 합	내 용
Natural	8, 9	• PLAYER, BANKER 중 어느 쪽이든 두 장의 합이 8, 9이면 추가카드 없이 게임종료(카드 4장으로 게임 종료)
Stand On	6, 7	• PLAYER 카드 두 장의 합이 7, 6일 때 PLAYER 스탠드온(Stand on) • BANKER 카드 두 장의 합이 7일 때 BANKER 스탠드온 • 스탠드온되면 더 이상 카드 받지 않음 • PLAYER, BANKER 양쪽이 전부 스탠드온일 때 추가카드 없이 게임 종료
One More PLAYER/BANKER	0~5	• PLAYER, BANKER 양쪽 모두 스탠드온보다 낮을 경우 PLAYER 먼저 카드 한 장을 받는데, 이때 나온 PLAYER 카드 숫자에 따라 게임이 종료되기도 하고, BANKER가 카드를 한 장 더 받고 종료되기도 함
Nothing	0	• 최초 두 장의 카드 숫자의 합이 0
Baccarat		• 카드 세 장의 합이 0

3. 드로잉규칙 예시

① Natural(카드 4장으로 게임 종료)

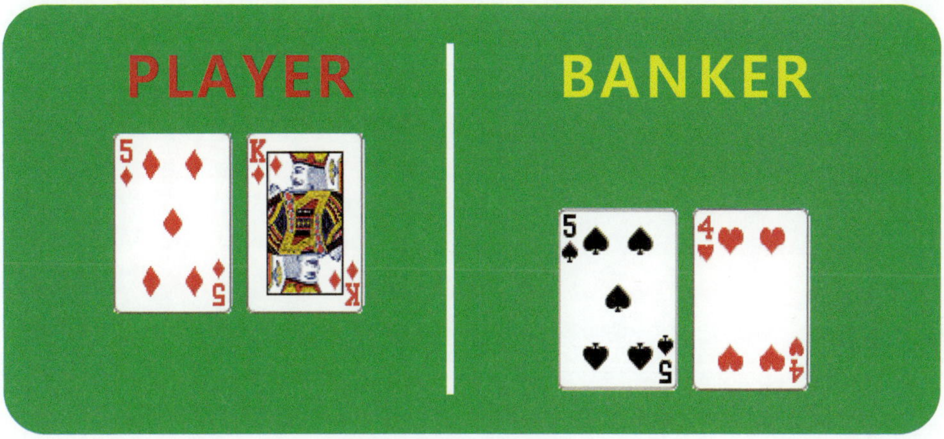

PLAYER 숫자의 합이 5이고, BANKER 숫자의 합은 9이다. BANKER가 네추럴 9가 나왔기 때문에 PLAYER, BANKER 모두 세 번째 카드를 받지 않고 BANKER 승리로 게임이 끝나게 된다.

② Stand On(카드 4장 또는 5장으로 게임 종료)

ⅰ. 카드 5장으로 게임 종료

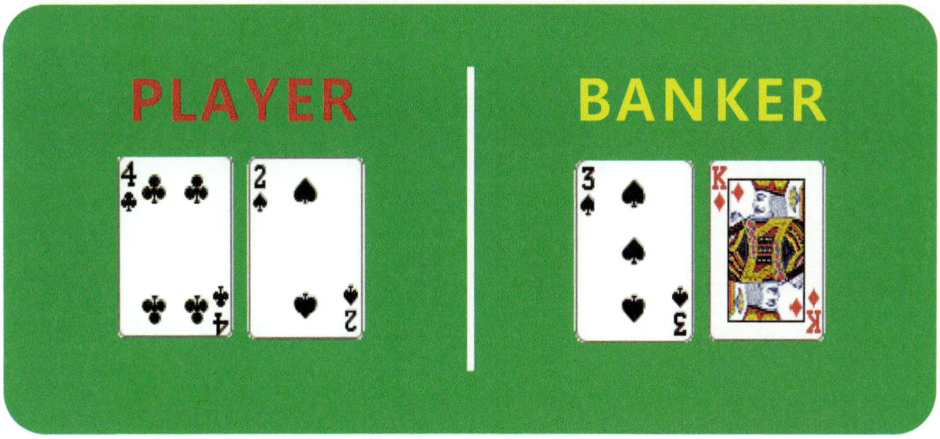

PLAYER 숫자의 합이 6이고, BANKER 숫자의 합은 3이다. 카드 드로잉 규칙에 따라 PLAYER는 추가카드를 받지 않고, BANKER 숫자 합은 3이기 때문에 한 장의 추가카드를 받는다.

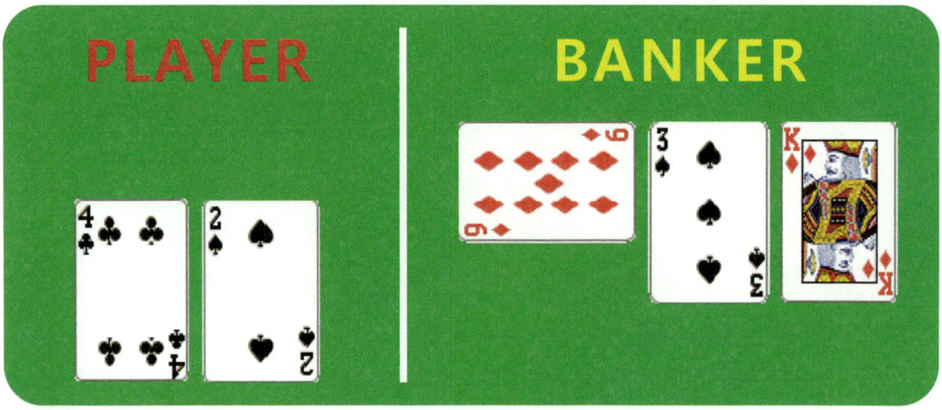

BANKER 추가카드가 9가 나와 BANKER 숫자 합은 총 2가 되므로 6:2로 PLAYER 승리

ⅱ. 4장으로 게임 종료

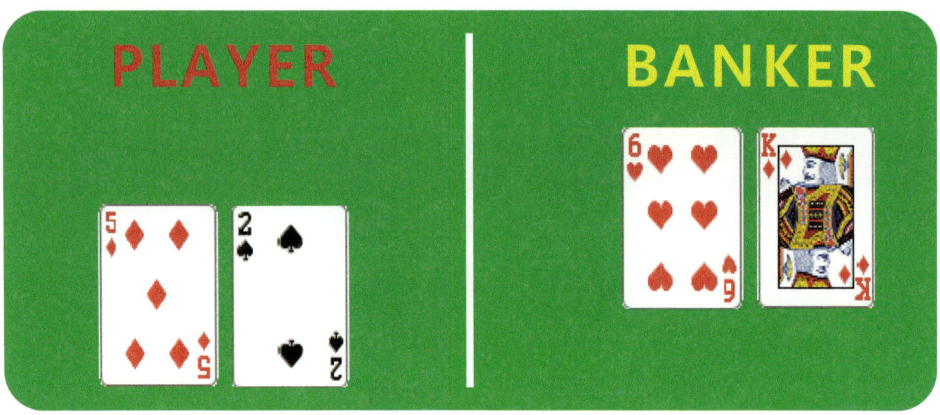

PLAYER 숫자의 합은 7이고, BANKER 숫자의 합은 6이다. PLAYER는 스탠드온이기 때문에 추가카드를 받지 않는다. BANKER는 스탠드온이 아니기 때문에 카드를 한 장 더 받는다고 생각할 수 있지만 바카라 드로잉규칙에서 PLAYER, BANKER 모두 6 또는 7이 나오면 그 즉시 게임이 끝난다. 위 예시는 7:6으로 PLAYER의 승리로 게임이 종료된다.

③ One More Player/Banker(카드 5장 또는 6장으로 게임 종료)

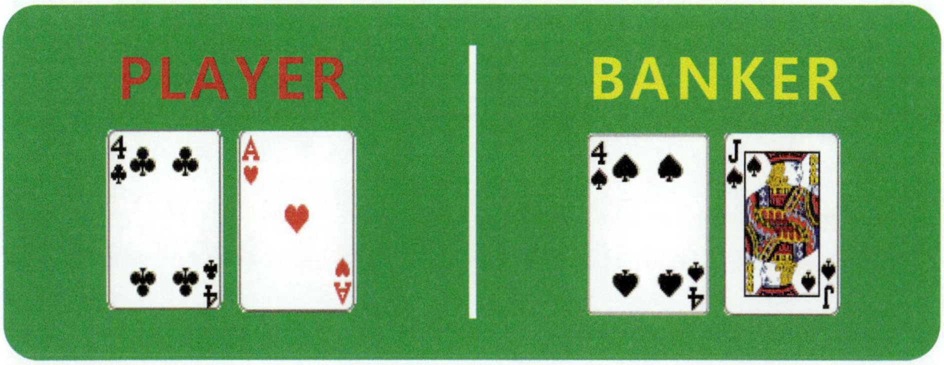

PLAYER 숫자의 합은 5, BANKER 숫자의 합은 4이다. PLAYER, BANKER 모두 네추럴 또는 스탠드온이 나오지 않았다. 우선 PLAYER 쪽을 보면 카드 합이 5가 나왔기 때문에 드로잉 규칙에 따라 카드 한 장을 추가하여 받는다.

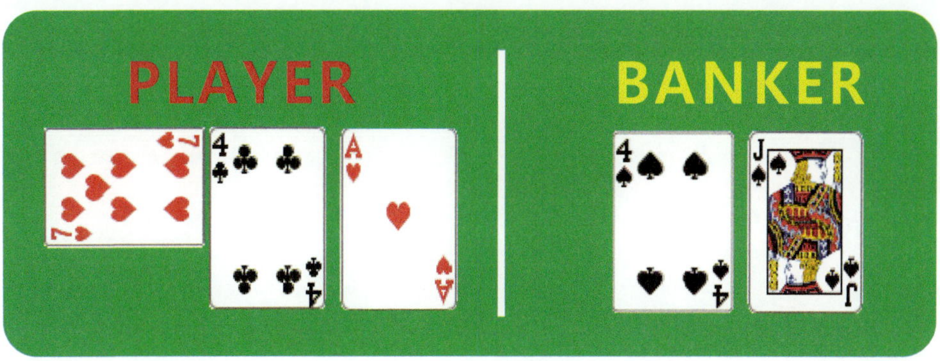

PLAYER 추가 카드가 7이 나왔다. 카드 드로잉 규칙에 따라 BANKER 카드 숫자 합이 4일 때 PLAYER 세 번째 카드가 7이 나오면 BANKER도 카드 한 장을 추가로 받는다.

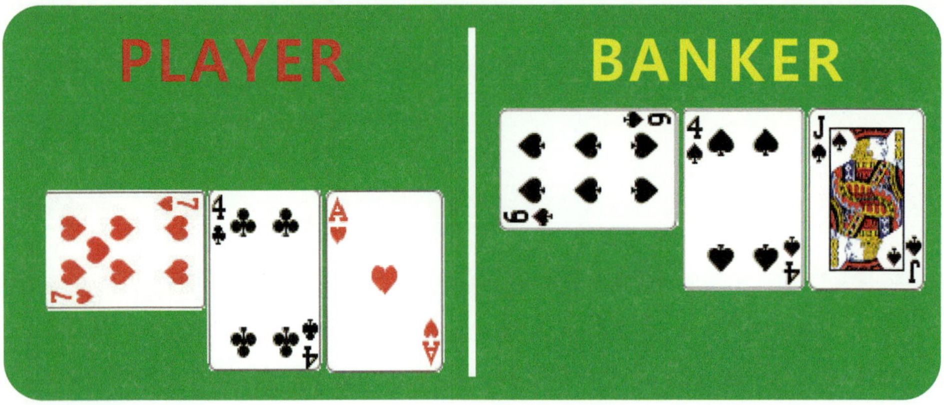

BANKER 추가 카드 숫자는 6, 카드 합은 0(바카라)이 되어 PLAYER 2:0으로 승리

④ Both Side Draw(카드 6장으로 게임 종료)

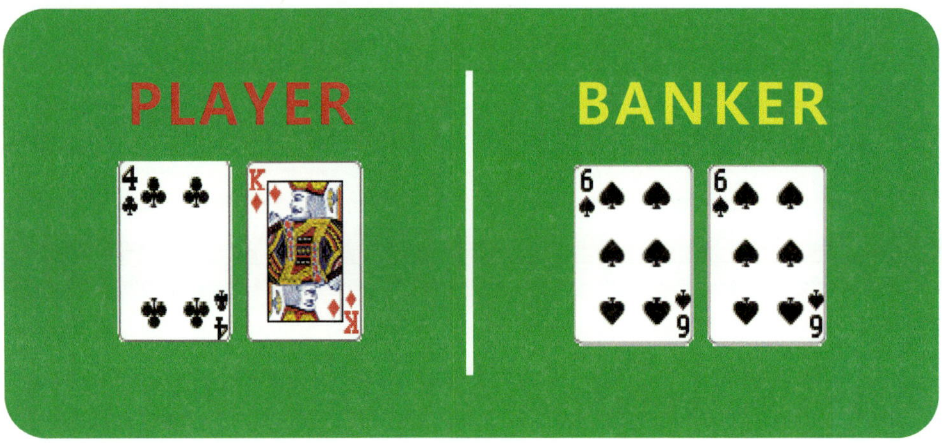

PLAYER 숫자의 합은 4, BANKER 숫자의 합은 2이다. PLAYER, BANKER 양쪽 모두 네추럴 또는 스탠드온이 나오지 않았다. PLAYER 숫자의 합이 4가 나왔기 때문에 드로잉 규칙에 따라 카드 한 장을 추가하여 받아야 하는데 이때 BANKER 숫자의 합이 2가 나왔기 때문에 드로잉 규칙에 따라 PLAYER 세 번째 추가 카드 숫자와 관계없이 추가 카드를 받아야 한다. 결과적으로 PLAYER, BANKER 모두 추가 카드를 받아야 한다.

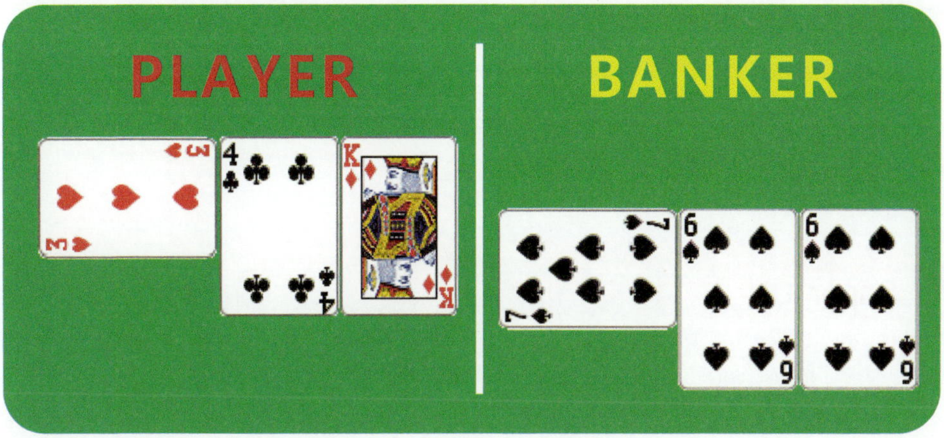

PLAYER 추가 카드 숫자는 3, BANKER 추가 카드 숫자는 7이 나왔다. PLAYER 카드의 합은 7, BANKER 카드의 합은 9가 되어 7:9로 BANKER 승리

제7절 별도 베팅구역(Side Bet)

1. Pair Bet

① 페어(Pair)란 2장의 카드가 같은 숫자(한 쌍)인 경우를 의미한다.

예

② 페어벳은 PLAYER 페어벳, BANKER 페어벳으로 각각 나뉘어져 있어 원하는 쪽

에 베팅할 수 있다. PLAYER 혹은 BANKER 쪽에 처음 드로잉된 2장의 카드 숫자나 알파벳(A, J, Q, K)이 같은 경우 페어벳 베팅을 한 고객에게 베팅금액의 11배를 페이한다. 페어벳 베팅을 했는데 페어가 나오지 않으면 베팅된 칩스는 테이크된다.

2. Super 6

① 바카라에서 Super 6란 BANKER가 6으로 이기는 상황을 의미한다. 노커미션 바카라에서 BANKER가 6으로 승리하게 되면 BANKER에 베팅된 금액의 절반만 페이되는데 이에 대한 보험베팅을 할 수 있다. 게임 시작 전 Super 6 베팅구역에 베팅하고 BANKER가 6으로 승리하게 되면 Super 6 베팅구역에 베팅한 금액의 12배를 페이받는다. BANKER가 6으로 승리하지 못하게 되면 베팅된 칩스는 테이크된다.

베팅 명칭	당첨조건	배당률
Super 6	• 게임 시작 전 Super 6 베팅구역 베팅 • BANKER가 숫자 합 6으로 승리	12

② Super 6 Baccarat 레이아웃

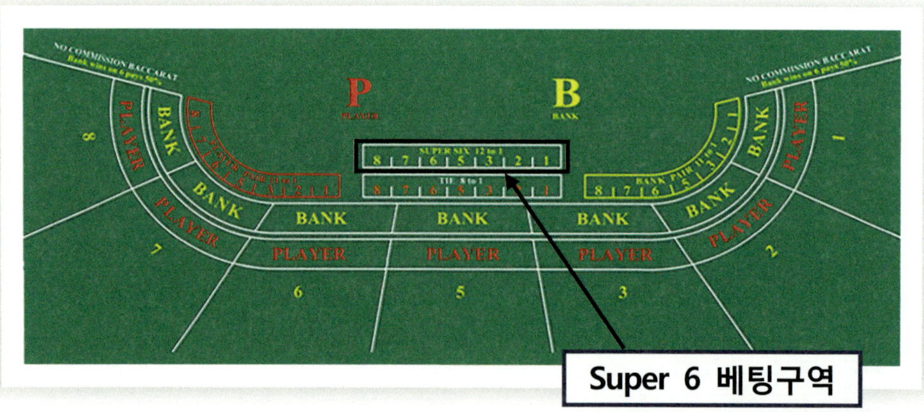

3. Lucky 6

Super 6 와 유사한 베팅으로 게임 시작 전 Lucky 6 베팅구역에 베팅하고 BANKER가 6으로 승리하게 되면 배당률에 따라 페이받는다. BANKER가 6으로 승리하지 못하게 되면 베팅된 칩스는 테이크된다.

베팅 명칭	당첨조건	배당률
Super 6	• 게임 시작 전 Super 6 베팅구역 베팅 • BANKER 카드 2장으로 합 6으로 승리	12
	• 게임 시작 전 Super 6 베팅구역 베팅 • BANKER 카드 3장으로 합 6으로 승리	20

4. 바카라 인슈런스(Insurance) 규칙

① 바카라 인슈런스 베팅은 게임 도중 자신이 베팅한 쪽이 질 것이라고 예상하고 이를 대비해 별도로 베팅하는 것이다.

② 최초 4장의 카드가 오픈되었을 때 PLAYER 세 번째 카드를 드로잉하기 전 인슈런스 베팅을 할 수 있다.

BANKER 베팅하고 PLAYER/BANKER 최초 4장의 카드 오픈한 상황		
BANKER 합	PLAYER 합	BANKER Insurance Bets 배당(배)
5	0–4	2
6	0–5	3
7	0–5	4

PLAYER 베팅하고 PLAYER/BANKER 최초 4장의 카드 오픈한 상황		
PLAYER 합	BANKER 합	PLAYER Insurance Bets 배당(배)
5	4	2
6	0–5	3
7	0–5	4

예

바카라 인슈런스(최초 4장의 카드 오픈 시)

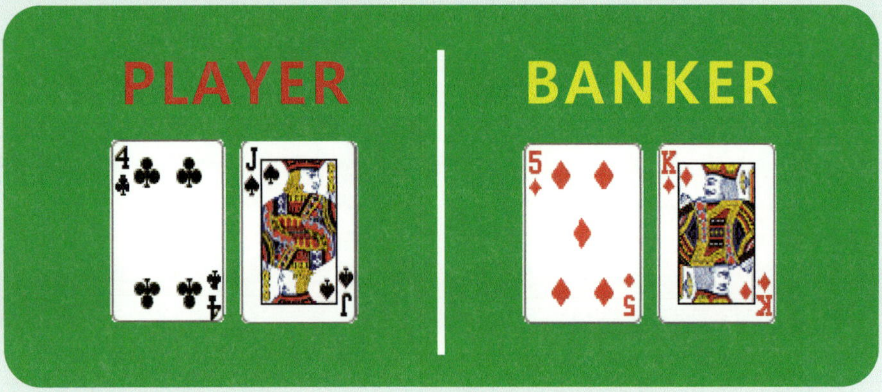

PLAYER 숫자의 합이 4이고, BANKER 숫자의 합은 5이다. PLAYER 세 번째 카드를 받기 전 BANKER 쪽에 베팅한 고객은 인슈런스 베팅을 할 수 있다. 인슈런스 베팅을 한 후 BANKER가 졌을 경우 BANKER에 베팅된 칩스는 테이크되고 인슈런스 베팅금액의 2배를 페이받는다.

③ PLAYER 세 번째 카드 드로잉 후 BANKER 세 번째 카드를 받아야 하는 상황에서 카드 드로잉하기 전 인슈런스 베팅을 할 수 있다.

BANKER에 베팅하고, PLAYER 3rd카드 오픈되고, BANKER 3rd카드 받기 전		
PLAYER 카드 3장의 합	BANKER 카드 2장의 합	BANKER Insurance Bets 배당(배)
0	1–6	9
1	2–6	8
1	1	7
2	3–6	4
3	4	2
PLAYER에 베팅하고, PLAYER 3rd카드 오픈되고, BANKER 3rd카드 받기 전		
PLAYER 카드 3장의 합	BANKER 카드 2장의 합	PLAYER Insurance Bets 배당(배)
5	0–4	2
6	0–5	3
7	0–6	4
8	0–6	8
9	0–6	9

예

바카라 인슈런스 상황(PLAYER 세 번째 추가카드 오픈 시)

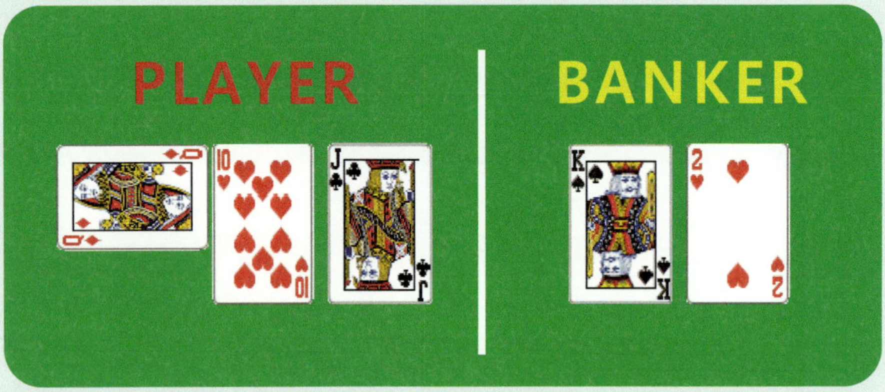

BANKER 카드 2장의 합은 2이고 PLAYER는 세 번째 추가카드까지 받은 합이 0이다. BANKER 쪽에 베팅한 고객은 BANKER 세 번째 추가카드 받기 전 BANKER 인슈런스 베팅을 할 수 있다. 인슈런스 베팅을 하고 난 후 BANKER가 졌을 경우 BANKER에 베팅된 금액은 테이크되고 인슈런스 베팅의 9배를 페이받는다.

제8절 바카라 게임의 변형

새로운 게임은 계속해서 만들어지고 있다. 전통 게임을 좋아하는 플레이어도 있지만 새롭고 더 재미있는 게임을 찾는 고객을 위해 기존 바카라 게임규칙을 변형하거나 새로운 사이드 베팅이 추가된 신종 바카라 게임이 많이 있으며 그중 대표적인 게임 몇 가지를 소개한다.

1. 6 Card Baccarat

① 일반 게임 규칙은 보통 바카라 게임과 같지만 차이점은 최초 4장의 카드를 드로잉할 때 3rd 카드까지 동시에 드로잉하여 페이스다운 상태로 레이아웃에 올려놓은 후 최초 4카드 오픈을 시작한다.

- 카드 6장 중 4장으로 게임이 끝나게 되면 남은 카드는 다음 게임 첫 번째, 두 번째 카드로 사용한다. 이는 고객이 카지노에 대한 신뢰감을 상승시키는 효과가 있다.

② 6카드 바카라 레이아웃

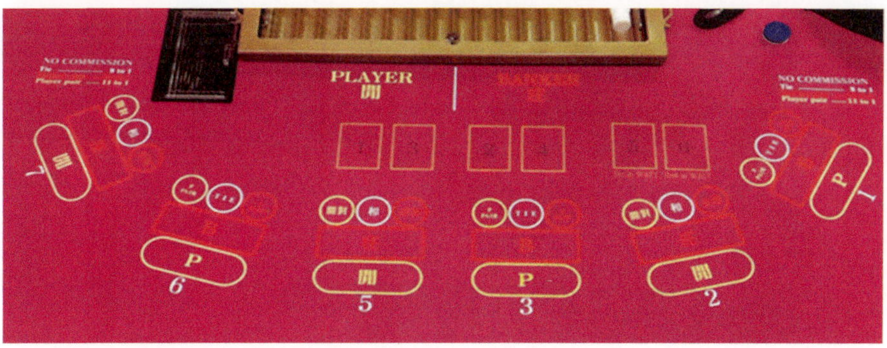

예

6카드 바카라 드로잉

카드 드로잉할 때 1번부터 번호 순서대로 6장의 카드 드로잉

PLAYER 카드 합 9, BANKER 카드 합 3으로 PLAYER 승리 카드 4장으로 게임 종료

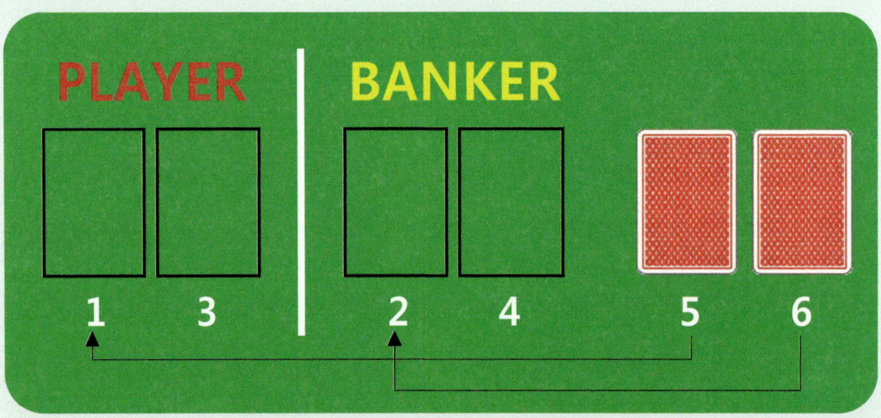

이전 게임에 사용하고 남은 카드 5, 6번이 다음 게임 각각 1, 2번으로 사용

2. Duo-Bao Baccarat

① 바카라 게임에 포커게임에 사용되는 조합을 추가시킨 게임. 일반 노 커미션 바카라 게임과 규칙이 같지만 포커 사이드 베팅 옵션이 추가됨

② BANKER, PLAYER 카드 6장을 모두 사용하여 포커게임에 사용되는 카드 조합이 만들어졌을 경우 정해진 배당금이 지급된다. 물론, 게임 시작 전 포커 사이드베팅구역에 베팅을 했을 경우 지급되며 조합이 나오지 않았을 경우 베팅한 칩스는 테이크된다.

③ 두오바오 바카라 레이아웃

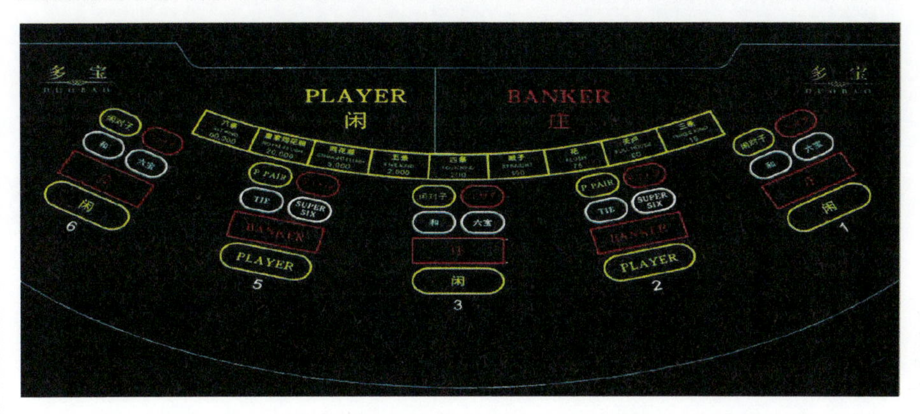

④ 사이드베팅 당첨 조건과 배당률

조합	설명	배당(배)	예시
Six of a Kind	6장의 카드 / 같은 숫자	60000	
Royal Straight Flush	5장의 카드 / 같은 문양을 가지고 A부터 순서대로 나열	20000	
Straight Flush	5장의 카드 / 같은 문양을 가지고 순서대로 나열	5000	
Five of a Kind	5장의 카드 / 같은 숫자	2000	
Four of a Kind	4장의 카드 / 같은 숫자	200	
Straight	5장의 카드 / 순서대로 나열	100	
Flush	5장의 카드 / 같은 문양	75	
Full House	3장의 카드 같은 숫자/ 2장의 카드 같은 숫자	60	
Three of a Kind	3장의 카드 / 같은 숫자	15	

3. EZ Baccarat

① EZ 바카라의 게임 규칙은 일반 바카라 게임과 같지만 차이점은 우선 뱅커로 이겼을 때 하우스에 지불해야 하는 커미션이 없다는 점과 커미션이 없는 대신 BANKER 카드 세 장의 숫자 합이 7로 이겼을 때 비기게(Push) 되는 점이다.

구분	일반 바카라	EZ 바카라
차이점	• BANKER 승리 커미션 5%	• 커미션 없음 • BANKER 카드 세 장 합 7로 이겼을 경우 푸시(Push) 처리

② EZ 바카라 게임에는 PLAYER, BANKER 각각 해당하는 사이드 베팅구역이 있다. 게임 시작 전 Dragon 7 베팅구역에 베팅했을 때 BANKER 카드 세 장의 합이 7로 이기게 되면 베팅금액의 40배를 페이받게 되고, 또한 게임 시작 전 PANDA 8 베팅구역에 베팅했을 때 PLAYER 카드 세장의 합이 8로 이기게 되면 베팅금액의 25배를 페이받게 된다.

• EZ 바카라 사이드 베팅구역

베팅 명칭	당첨조건	배당률	심볼
DRAGON 7	• 드래곤 7 베팅구역 베팅 • BANKER 카드 3장의 합 7로 승리	40배	
PANDA 8	• 판다 8 베팅구역 베팅 • PLAYER 카드 3장의 합 8로 승리	25배	

③ EZ 바카라 레이아웃

4. Three Card Baccarat

① 3 카드 바카라는 카드 1덱(52장)으로 하는 바카라 게임이다. PLAYER, BANKER 카드 드로잉 규칙 없이 최초 카드를 3장씩 받는다. 일반 바카라는 숫자 합 9가 가장 큰 가치를 가지지만 3카드 바카라에서는 그림카드(J, Q, K) 3장이 가장 큰 가치를 가진다. 만약 PLAYER와 BANKER가 같은 가치의 숫자가 나오면 일반 바카라에서는 비기게 되지만 3카드 바카라에서는 카드 숫자 중 그림카드가 더 많은 쪽이 이기게 된다.

3 Card Baccarat 특징	예시
• 카드 합 9 〈 그림카드 3장	
• PLAYER와 BANKER 비겼을 경우 그림카드를 더 많이 가진 쪽이 승리	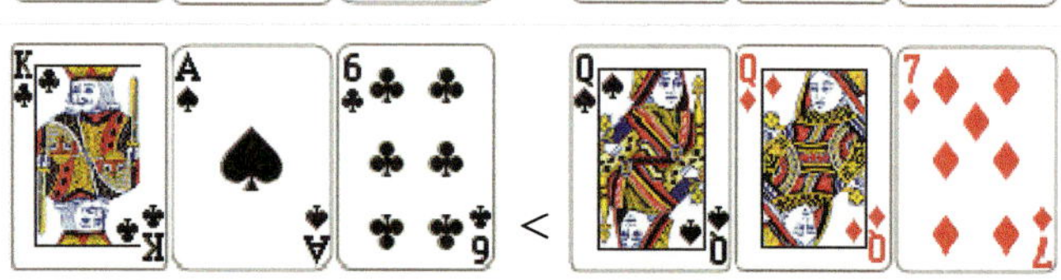

② 3카드 바카라에서 PLAYER, BANKER의 카드 숫자가 같은 상황에서 그림카드 개수까지 같으면 TIE가 된다. 일반 바카라와 비교해 TIE가 잘 나오지 않기 때문에 일반 바카라보다 배당률이 더 높다.

- 3카드 바카라 TIE

구분	당첨조건	배당률
TIE	• PLAYER와 BANKER 카드 숫자의 합이 같고 그림카드 개수도 같은 경우	20배

5. Super Baccarat

① 기본 드로잉 규칙은 일반 바카라와 동일하지만 다양한 사이드 베팅구역이 있다. 바카라 카드 드로잉 결과 PLAYER, BANKER 각각 최초 카드 2장의 페어(Pairs), PLAYER 승, BANKER 승, TIE 상황의 카드 숫자 합을 예상하여 베팅하는 사이드 베팅구역이 있다.

② 사이드 베팅구역(Pairs)

- PLAYER, BANKER 각각 구분하여 베팅

구분	당첨조건	배당률	예시
♦4 Pairs	최초 2장의 카드가 ♦4 2장	30배	
4 Pairs	무늬 상관없이 숫자 4 카드가 2장	15배	
♦ Pairs	♦ 무늬의 같은 카드 2장	12배	
Pairs	같은 숫자 카드 2장	9배	

③ PLAYER Win 사이드 베팅

당첨조건 (PLAYER 이겼을 경우 카드 숫자 합)	배당률
PLAYER 1	150배
PLAYER 2	80배
PLAYER 3	50배
PLAYER 4	50배
PLAYER 5	30배
PLAYER 6	11배
PLAYER 7	8배
PLAYER 8	6배
PLAYER 9	5배

④ BANKER Win 사이드 베팅

당첨조건 (BANKER 이겼을 경우 카드 숫자 합)	배당률
BANKER 1	150배
BANKER 2	80배
BANKER 3	50배
BANKER 4	25배
BANKER 5	15배
BANKER 6	11배
BANKER 7	8배
BANKER 8	6배
BANKER 9	5배

⑤ TIE 사이드 베팅

당첨조건	배당률
0 Tie	100배
1 Tie	150배
2 Tie	150배
3 Tie	150배
4 Tie	100배
5 Tie	80배
5 Tie	35배
7 Tie	35배
8 Tie	50배
9 Tie	50배

6. Super Pan 9

① Super Pan 9은 카드 숫자 7~10카드를 제외한 A~6, J, Q, K을 1덱(36장)으로 사용하는 카드 9덱 또는 12덱으로 하는 게임이다. 이 게임은 2가지 버전으로 나눌 수 있는데 첫 번째는 BANKER를 고객 중 1명이 순서대로 담당하여 다수의 PLAYER를 상대로 대결하는 것인데 원하지 않는 고객은 다음 차례로 넘길 수 있다. 두 번째는 BANKER를 카지노 딜러가 맡아서 진행하는 방법이다. 다수의 PLAYER가 각각 자신의 카드로 BANKER와 1:1로 대결을 펼치는 형태는 바카라 게임보다는 블랙잭게임에 가까워 보일 수 있지만 카드 순위 계산하는 방법은 바카라게임과 같다.

② Super Pan 9은 총 4장의 카드를 받을 수 있다. BANKER, PLAYER는 페이스 다운으로 카드를 세 장씩 받는다. 그리고 자신의 카드가 마음에 들지 않으면 1장 더 추가로 받을 수 있다. BANKER의 경우 딜러가 맡을 때와 고객이 맡을 때 카드 드로잉 규칙이 다르다.

BANKER를 카지노 딜러가 맡는 경우는 카드 세장의 합이 0~5인 경우 카드를 한 장 더 받아야 하고 6~9인 경우는 추가카드를 받지 않는 것이 규칙이다. 고객이 BANKER 역할을 하는 경우는 추가카드를 여부를 선택할 수 있다. 카드 드로잉이 끝나고 나면 숫자 9에 가까운 쪽이 이기게 되고 배당률은 1배이다.

구분		내용
BANKER	딜러	• BANKER 카드 세 장 숫자 합 0~5 경우 추가카드 1장 받음 • BANKER 카드 세 장 숫자 합 6~9 경우 스탠드온
	플레이어	• 추가 카드 드로잉 여부 선택 가능
PLAYER		• 추가 카드 드로잉 여부 선택 가능

CHAPTER 02

블랙잭 BlackJack

Chapter

02 블랙잭BlackJack

제1절 게임 개요

1. 정의

블랙잭은 딜러와 고객이 2장 또는 그 이상의 카드의 합이 21이 가까운 쪽이 승리하는 게임이다. 최초 2장의 카드가 Ace와 10 가치의 카드로 조합을 이루었을 때 'BlackJack'이라 부르고 이는 최고의 점수가 된다. 일명 'Twenty-One'이라고도 한다. 아시아권 카지노와 미주지역 카지노 테이블 수를 비교해보면 알 수 있듯이 일반적으로 동양에서는 바카라 게임을 더 선호하는 경향이 있고 서양에서는 블랙잭 게임을 더 선호하는 경향이 있다.

2. 유래

카드게임은 오래전부터 놀이문화 중 하나였지만, 공식적으로 블랙잭 게임이 나타난 것은 1910년 미국의 카지노에서 '21'이라는 게임이 처음으로 소개된 것이다. 이후 1915년에 블랙잭 게임이 완성되면서 1917년 시카고의 한 게임기구 제작 회사가 'BlackJack'을 광고 문구에 사용하기 시작하면서 블랙잭이라는 이름이 활성화되었다. 1931년 이후부터 네바다 주에서 카지노게임이 합법화되면서 블랙잭 게임이 카지노에서 50%를 넘는 테이블을 차지하기 시작했고, 지금은 미국에서 가장 인기 있는 카지노 게임이다. 블랙잭의 특징은 무엇보다도 대부분의 카지노 게임과는 달리 플레이어가 다양한 전술을 택하여 게임결과를 만들어 나갈 수 있고 플레이어의 수신호로 인해 게임이 진행되어 'Motion Game'이라고도 불린다. 블랙잭 게임은 오늘날 카지노에서 가장 인기 있는 게임이라 할 수 있다.

제2절 테이블 레이아웃

1. 블랙잭 테이블 레이아웃

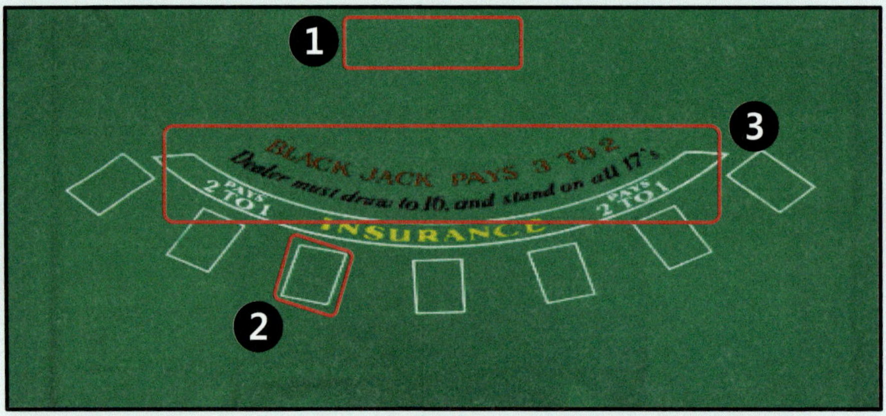

① 딜러 카드 놓는 구역 ② 칩스 베팅구역 ③ 플레이어 카드 놓는 구역

2. 블랙잭 테이블 종류

구분	딜러 1카드 블랙잭	딜러 2카드 블랙잭
특징	• 최초 딜러 카드 한 장(Face Up) 받고 게임 시작 • 플레이어 핸드 카드 드로잉 진행 후 딜러 카드 블랙잭 여부 확인	• 최초 딜러 카드 두 장(한 장만 Face Up)받고 게임시작 • 최초 2장의 카드를 받은 직후 리더기를 통해 딜러 카드 블랙잭 여부 확인

블랙잭 카드 리더기

딜러 2 카드 블랙잭에서 카드 한 장은 오픈하고 나머지 카드 한 장은 뒷면이 위로 오게 하고(Face Down) 리더기에 밀어 넣으면 거울의 원리를 이용해 딜러 카드의 블랙잭 여부를 확인할 수 있는 장치

제3절 블랙잭 카드의 가치

Card	Value
A	1 or 11
2, 3, 4, 5, 6, 7, 8, 9	Face Value 그대로
10, J, Q, K	10

제4절 게임 진행 순서

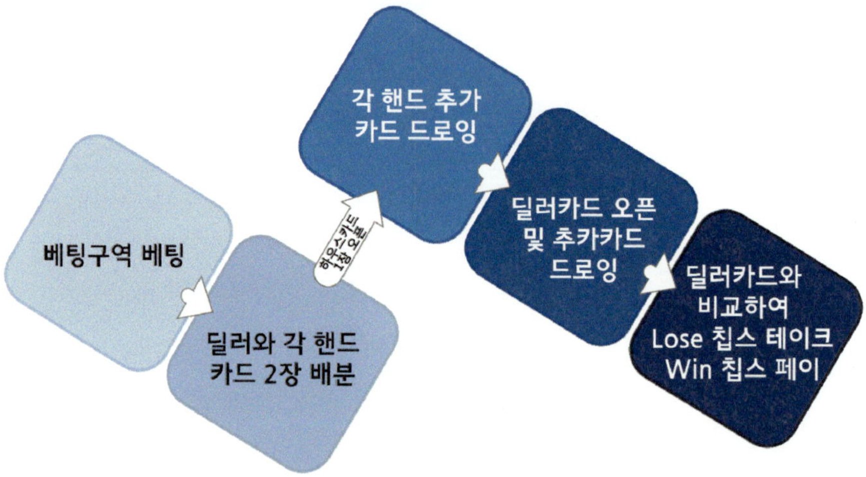

제5절 배당

1. 테이크(Take)

ⅰ. 플레이어 핸드 추가 카드 드로잉 결과 카드 합이 21이 넘는 경우(플레이어 Burst)

ⅱ. 딜러 카드와 승부를 겨뤄 딜러 카드보다 카드의 합이 낮은 경우

2. 페이(Pay)

ⅰ. 딜러 카드의 합이 21이 넘는 경우(딜러 Burst)
ⅱ. 딜러 카드보다 플레이어 카드의 합이 높은 경우
(ⅰ, ⅱ: 1배 페이)

ⅲ. 딜러 카드가 블랙잭이 아닐 때 플레이어 카드 블랙잭이면 1.5배 페이

※ 블랙잭 배당을 1.2배로 정하여 운영하기도 함

블랙잭(BlackJack)

최초로 받는 2장의 카드가 Ace와 10의 가치를 가진 카드의 조합

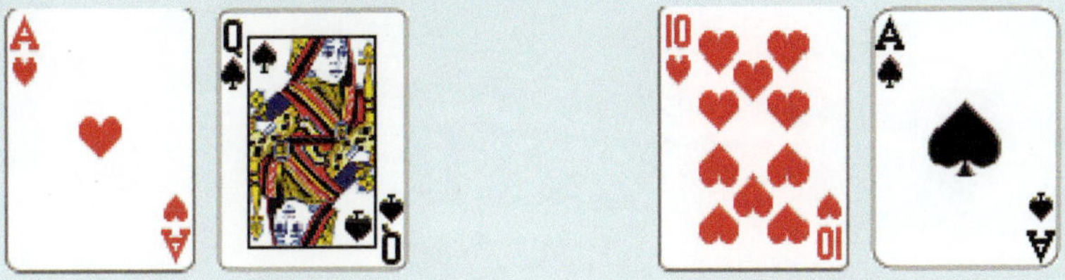

제6절 게임규칙

1. 드로잉 규칙

① 블랙잭 게임은 딜러와 플레이어 카드의 합이 더 높은 쪽이 이기는 게임이다.

② 제일 높은 숫자는 21이며 플레이어는 21이 넘기 전까지 계속해서 추가 카드를 받을 수 있지만 21이 초과하면 즉시 게임에서 패하게 된다.

③ 딜러 카드 또한 21을 초과하면 패하게 되며, 딜러 카드는 합이 17 이상 되기 전까지 의무로 추가카드를 받아야 한다.

④ 게임이 시작되면 딜러, 플레이어 모두 2장의 카드를 받는다.

⑤ 최초 카드 드로잉 후 순서는 크게 딜러 카드가 블랙잭인 경우와 그렇지 않은 경우로 나눌 수 있다.

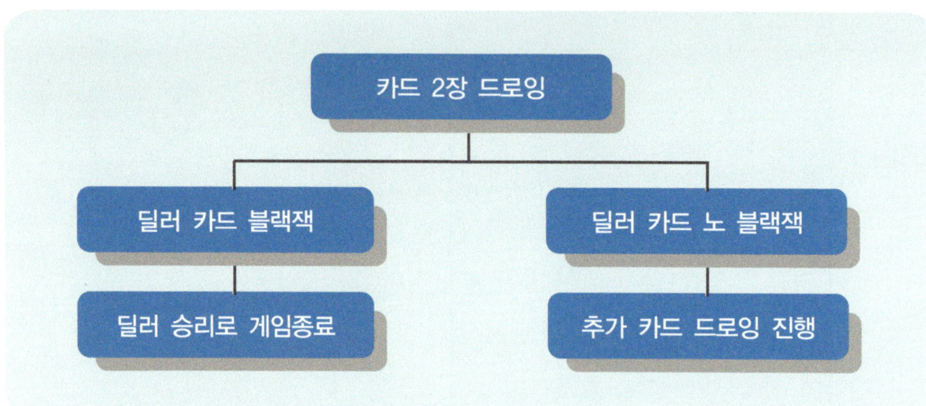

⑥ 딜러 카드가 블랙잭이 아니면 플레이어 핸드부터 추가 카드를 받게 되며 플레이어 핸드가 추가 카드를 받는 도중 21이 넘으면(Burst) 즉시 칩스는 테이크된다.

⑦ 모든 플레이어 핸드의 카드 드로잉이 끝난 후 딜러 추가카드 드로잉을 시작한

다. 딜러 카드가 스탠드(카드 합 17~21)가 되면 더 이상 카드를 받지 않고 플레이어 핸드와 겨뤄 더 높은 쪽이 이기게 되며 딜러 카드가 21이 넘으면(Burst) 21이 넘지 않은 모든 플레이어는 베팅금액의 1배를 페이받는다. 추가 카드 드로잉 도중 21이 넘어 이미 베팅 칩스가 테이크된 플레이어는 딜러 카드가 21이 넘어도 칩스가 반납되지 않기 때문에 딜러, 플레이어 모두 21이 넘으면 결과적으로 플레이어는 지는 것이다.

2. 일반규칙

① 수신호(Hand Signal)

블랙잭 게임은 오직 고객의 수신호를 통해서만 게임이 진행된다.

수신호	설명	사진
Hit	• 추가카드를 받음 • Action : 손바닥으로 테이블 레이아웃을 가볍게 두드린다.	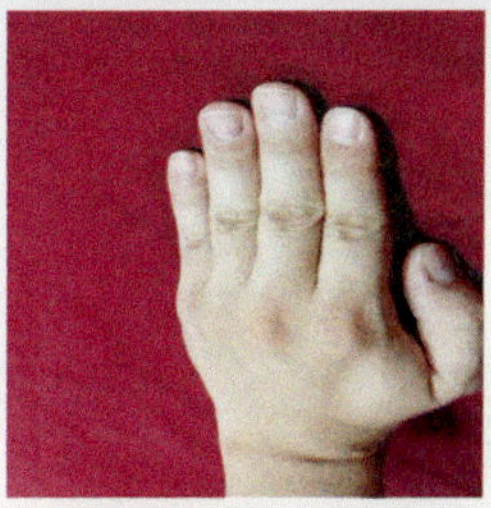
Stay	• 추가카드를 받지 않음 • Action : 손을 좌우로 흔든다.	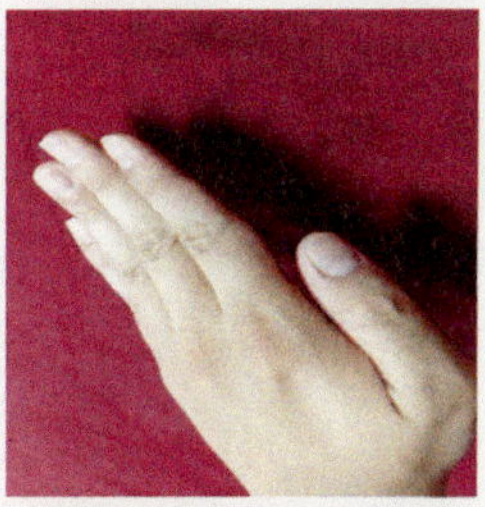
Split	• 플레이어의 최초 2장의 카드가 같은 숫자일 때 카드를 분리시켜 핸드 수를 늘림 • Action : 손가락으로 V를 만들어 두 손가락을 레이아웃에 갖다 댄다.	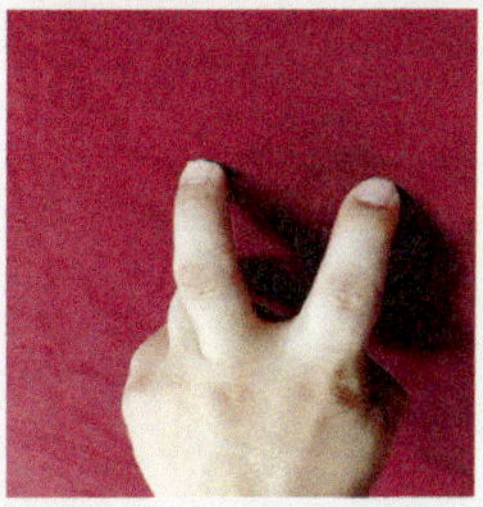

수신호	설명	사진
Surrender	• 베팅금액의 절반 잃고 게임 포기 • Action : 손가락으로 테이블 레이아웃을 좌에서 우로 긋는다.	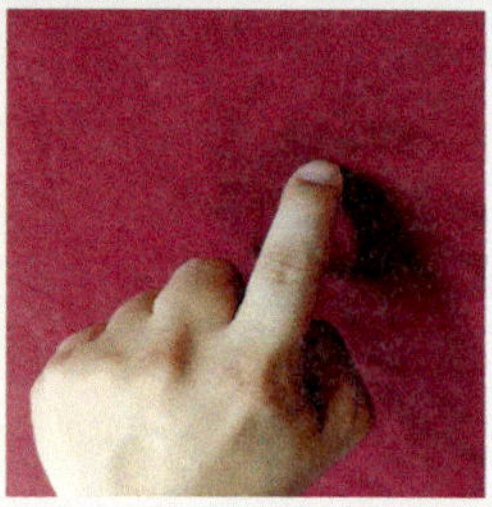

② 더블다운(Double Down)

최초 2장의 카드에서 카드 한 장만을 더 받고 최초 베팅한 금액 또는 그 이하 금액까지 추가 베팅을 할 수 있다. 딜러는 카드를 돌려서 놓는 것으로 더 이상 카드를 받을 수 없는 핸드라는 것을 표시한다. 플레이어가 더블다운 하기 위해서는 추가카드 드로잉 차례가 왔을 때 베팅할 칩스를 최초 베팅한 금액 옆에 가지런히 놓는다.

더블다운 칩스 베팅	더블다운 카드 드로잉

③ 스플릿(Split)

최초 2장의 카드가 같은 숫자일 때 카드를 분리하여 2개 핸드로 게임을 진행할 수 있다. 스플릿이 가능한 횟수는 카지노마다 다르게 정하여 운영하지만 국내 카지노는 대부분 3번까지, 총 4개 핸드만 게임이 가능하도록 하고 있다. 스플릿을 한 뒤 추가로 받은 카드가 블랙잭과 같은 Ace+10이 되어도 이는 블랙잭이 아닌 21의 가치로 인정된다. 또한 스플릿 한 핸드는 서렌더를 할 수 없다. 스플릿을 하고자 할 때에는 처음 베팅한 금액과 동일한 금액 칩스를 최초 베팅 칩스 옆에 놓아두고 수신호를 하면 딜러가 스플릿을 진행한다.

예

플레이어 핸드 카드 숫자 7 + 7

원금과 같은 금액 추가 베팅 후 수신호

나눠진 두 장의 카드 각각 추가카드 받은 뒤 2개 핸드 게임진행

NOTE

※ Q+10(숫자는 다르지만 숫자의 가치가 같은 10이므로 스플릿 가능)

NOTE

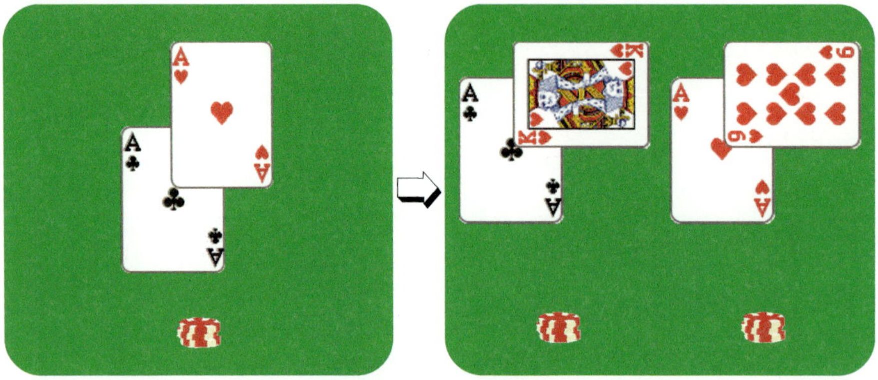

※ ACE Split : Ace 두 장을 스플릿 하는 경우 더블다운과 동일하게 카드를 한 장밖에 받지 못한다. 카드를 더 이상 받지 못한다는 의미로 드로잉 카드를 옆으로 돌려서 놓는다.

④ 이븐머니(Even Money)

이븐머니는 딜러의 오픈된 카드가 Ace이고, 플레이어의 카드조합이 블랙잭인 경우 적용되는 규칙이다. 플레이어가 블랙잭이 나오면 1.5배 페이를 받게 되지만, 만약 딜러 또한 블랙잭이 나오면 비기게 되어 배당금을 받지 못하기 때문에 딜러의 숨겨진 카드를 오픈하기 전 1배만 페이받고 게임을 끝낼 수 있다. 플레이어가 이븐 머니를 거부하면 딜러는 페이스다운 카드 확인 후 블랙잭이면 비기게 되고, 블랙잭이 아니면 플레이어는 블랙잭 페이(1.5배)를 받게 된다.

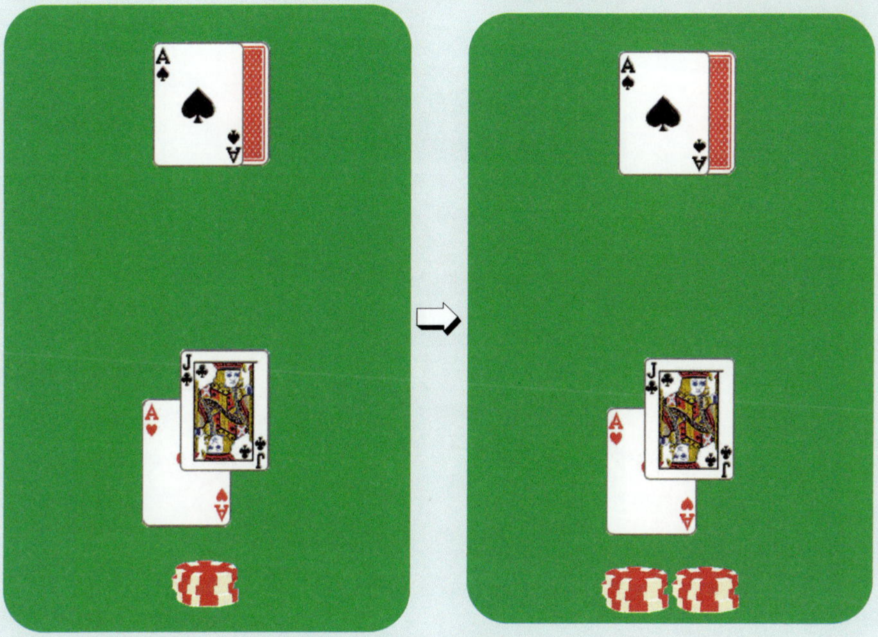

딜러 페이스 업 카드 Ace, 플레이어 카드 블랙잭

플레이어가 이븐머니 택할 경우 베팅금액 1배 받고 게임 종료

⑤ 인슈런스(Insurance)

인슈런스는 딜러의 오픈된 카드가 Ace인 경우에 적용되는 게임규칙이다. 만약, 딜러의 페이스 다운 카드 한 장이 10의 가치를 가진 카드가 나오면 블랙잭이 되므로 플레이어는 베팅한 금액을 모두 잃게 된다. 딜러 카드가 블랙잭이라 예상한다면 플레이어는 베팅금액의 절반까지 보험을 걸 수 있다. 인슈런스 베팅하는 방법은 딜러의 오픈된 카드가 Ace일 때 딜러가 '인슈런스' 콜을 하면 플레이어는 본인의 카드 상단에 본 베팅의 절반 이하 금액의 칩스를 올려놓는다. 인슈런스 베팅이 끝나게 되면 딜러는 숨겨진 카드를 확인하여 블랙잭인 경우 플레이어의 본 베팅을 테이크하고 인슈런스에 베팅한 금액의 2배를 페이한다. 블랙잭이 아닌 경우 인슈런스에 베팅된 칩스는 테이크한 뒤 정상 게임을 진행한다.

① 딜러 페이스 업 카드 Ace
② 플레이어 노 블랙잭
플레이어 인슈런스 베팅
딜러 노블랙잭
딜러 블랙잭
인슈런스 베팅금액 테이크
① 최초 베팅칩스는 테이크
② 인슈런스 베팅금액의 2배 페이

⑥ 서렌더(Surrender)

서렌더는 플레이어가 최초 2장의 카드를 받은 뒤 게임에 이길 자신이 없다고 판단될 때 행하는 게임 옵션으로서 베팅금액의 1/2을 포기하는 것이다. 플레이어가 서렌더를 하기 위해서는 손가락으로 레이아웃을 좌에서 우로 긋는다. 고객이 수신호를 하면 딜러는 고객이 베팅한 칩스의 절반을 가져오고 나머지 절반을 고객에게 돌려준 후 해당 핸드의 게임이 끝난다. 만약, 플레이어가 더블이나 스플릿을 했을 경우에는 서렌더를 할 수 없으며, 오픈된 딜러 카드가 Ace인 경우는 인슈런스 후 딜러 카드가 블랙잭이 아닐 때 서렌더가 가능하다.

딜러 페이스 업 카드 10
플레이어 카드 합 16

플레이어 서렌더 수신호

최초 베팅금액 절반 돌려받고 게임 끝

제7절 별도 베팅구역(Side Bet)

1. Pair Bet

① 페어(Pair)란 최초 2장의 카드가 같은 숫자(한 쌍)를 의미한다. 본게임의 승패와는 무관한 독립적인 게임이기 때문에 페어 베팅구역에 베팅을 하지 않아도 본

게임은 정상적으로 진행되지만 본 베팅은 하지 않고 페어 베팅구역에만 베팅할 수는 없다.

예

② 게임 시작 전 플레이어가 페어 베팅구역에 베팅한 후 게임이 시작되고 최초 2장의 카드를 배분한다. 2장씩 배분된 카드 중 페어가 나오지 않은 핸드의 페이벳 베팅 칩스는 모두 테이크되고, 페어가 된 핸드는 11배 페이받는다.

• 페어벳 당첨조건 및 배당

구분	배당	설명	예시
Pair	11배	· 같은 숫자 · 같은 알파벳	

③ 해외 카지노에서는 게임의 재미를 위하여 다양한 페어벳 당첨 조합과 그에 맞는 배당을 정하여 운영하기도 한다.

• 퍼펙트 페어 당첨조건 및 배당

구분	배당	설명	예시	
Perfect Pair	30배	• 같은 숫자 • 같은 문양		
Colored Pair	12배	• 같은 숫자 • 같은 색깔 • 다른 문양		
Mixed Pair	5배	• 같은 숫자 • 다른 색깔		

2. 오버/언더 13(+/– 13)

① 오버/언더 13이란 최초 카드 2장의 합이 13보다 높거나, 낮음을 의미한다. 페어 게임과 마찬가지로 본게임의 승패와는 무관한 독립적인 게임이기 때문에 오버/언더 13 베팅을 하지 않아도 본게임은 정상적으로 진행되지만 본 베팅을 하지 않고 오버/언더 13 베팅구역에만 베팅할 수는 없다.

② 게임 시작 전 플레이어가 오버(+), 언더(-) 두 곳 중 한 곳에 베팅 후 게임이 시작되고 최초 2장의 카드를 배분한다. 고객에게 2장씩 배분된 카드의 합이 13이 넘으면 오버(+) 당첨, 13보다 낮으면 언더(-) 당첨, 13이 나오면 오버(+), 언더(-) 모두 미당첨된다. 미당첨 칩스는 모두 테이크되고, 당첨된 칩스는 1배 페이한다.

※ 오버/언더 13에서 Ace의 가치 = 1(ACE≠11)

구분	배당	예시	
카드 2장 합 〉 13	1배		
카드 2장 합 〈 13	1배		
카드 2장 합 = 13	미당첨		

③ 오버/언더 13 게임규칙 적용 레이아웃

제8절 블랙잭 게임의 변형

블랙잭 게임은 전 세계적으로 매우 인기 있는 게임이지만 미주지역에서 특히 인기가 많은 게임이다. 다양한 변형된 블랙잭 게임 중 대표적인 게임 몇 가지를 소개한다.

1. Progressive Blackjack

① 일반 블랙잭 게임과 동일하지만 잭팟 사이드 베팅구역이 설치되어 있다. 게임 시작 전 본 베팅 외 추가로 잭팟 베팅구역에 1천원가량 추가 베팅을 하면 베팅한 금액이 계속하여 누적된다. 이 누적금을 이용하여 플레이어가 게임 중 특수한 조합이 나왔을 때 정해진 배당대로 잭팟 금액을 받을 수 있다.

② 플레이어 최초 2장의 카드와 연속해서 받는 추가카드의 Ace에 따라 당첨 조건이 충족되면 잭팟 금액이 페이된다. 당첨 금액은 카지노마다 조금씩 상이하다.

구분	당첨조건	배당금	예시
1	• 같은 문양 Ace 4장	누적금액 100%	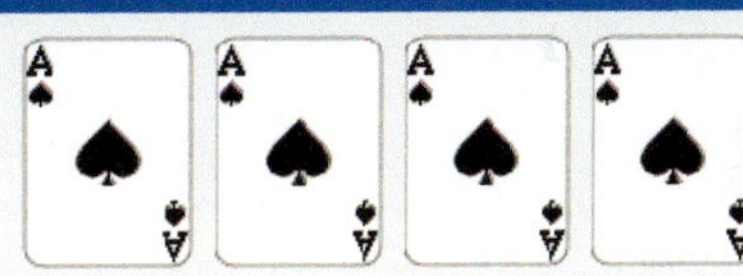
2	• Ace 4장	누적금액 10%	
3	• 같은 문양 Ace 3장	$ 2500	
4	• Ace 3장	$250	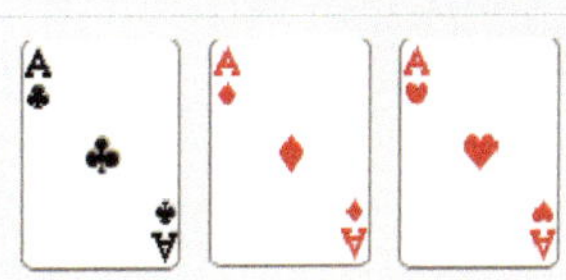

구분	당첨조건	배당금	예시
5	• 같은 문양 Ace 2장	$ 50	
6	• Ace 2장	$ 3	

2. Spanish 21

① 스패니시 21게임은 숫자 10카드 4장을 제외한 48장을 1덱으로 사용하는 변형 블랙잭 게임이다. 특별한 점은 플레이어가 추가카드를 받을 때 21이 나오면 즉시 페이되기 때문에 이후 딜러 카드가 21 또는 블랙잭이 나오더라도 결과적으로 플레이어가 승리한다. 또한 플레이어가 카드 드로잉 결과 21이 되면 총 카드 장수나 숫자 조합에 따른 보너스 페이가 있다.

• 21 보너스 당첨조건 및 배당

구분	당첨조건	배당률	예시
5 카드 21	카드 5장으로 카드 숫자 합 21	1.5배	
6 카드 21	카드 6장으로 카드 숫자 합 21	2배	
7+ α 카드 21	카드 7장 이상으로 카드 숫자 합 21	3배	
6, 7, 8 Mixed	6, 7, 8	1.5배	

구분	당첨조건	배당률	예시
6, 7, 8 Suited	같은 문양 6 7, 8	2배	
6, 7, 8 Spaded	♠문양 6, 7, 8	3배	
7, 7, 7 Mixed	7 카드 3장	1.5배	
7, 7, 7 Suited	같은 문양 7카드 3장	2배	
7, 7, 7 Spaded	♠문양 7카드 3장	3배	

② 추가카드를 받은 뒤 드로잉 카드 장수와 관계없이 더블다운 가능

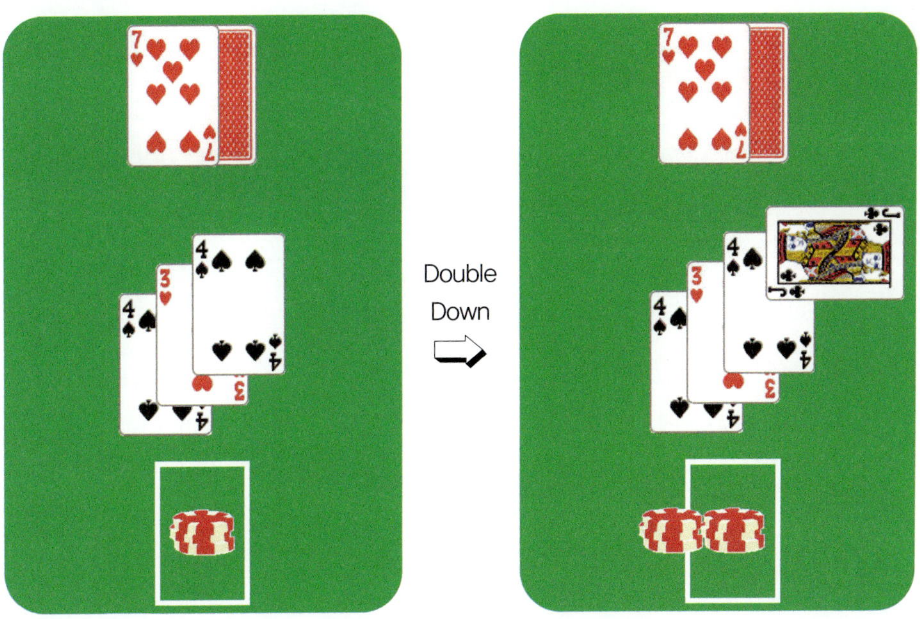

③ 더블다운 후 서렌더 할 수 있음

3. Blackjack Switch

① 블랙잭 스위치 게임은 매우 흥미로운 블랙잭 게임이다. 블랙잭 게임을 하다보면 '옆 핸드에 나온 카드가 나한테 왔으면' 하는 생각을 할 때가 있는데 이 게임은 플레이어의 바람을 만족시켜 주는 게임이다. 게임의 특징은 한 명의 플레이어가 두 핸드에 같은 금액의 칩스를 베팅하고 게임을 시작하는데 최초 2장의 카드가 마음에 들지 않으면 다른 핸드 카드와 교환이 가능하다. 이는 고객에게 매우 유리한 규칙이지만 다음과 같은 불리한 규칙도 있다.

- 블랙잭 페이 1배
- 카드를 교환하여 블랙잭이 되면 21로 처리

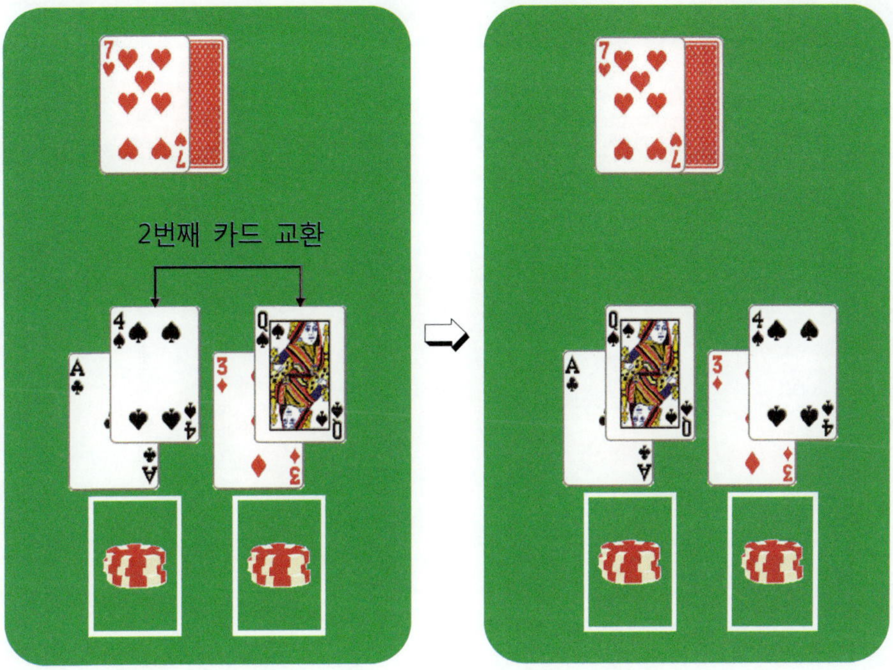

1번 핸드 카드 합 : 13
2번 핸드 카드 합 : 5 or 14

1번 핸드 카드 합 : 7
2번 핸드 카드 합 : 21(≠블랙잭)

- 딜러 카드 숫자의 합이 22가 되면 모든 핸드 푸시(Push)
- 일반 블랙잭은 딜러 소프트 17(Ace가 포함, 7또는 17로 카운트)인 경우 추가 카드를 받지 않지만 블랙잭 스위치 게임은 딜러 소프트 17의 경우 추가카드 받음

※ 딜러 카드 소프트 17인 경우 스탠드하는 게임규칙을 적용하는 카지노도 있음

② Super Match 사이드 베팅구역이 있다. Super Match 베팅구역 베팅 후 최초 드로잉되는 2 핸드의 카드(총 4장)의 조합에 따라 당첨금액이 지급된다.

- Super Match 당첨조건 및 배당

구분	당첨조건	배당률	예시
4 of a kind	4장의 카드 같은 숫자	40배	
2 Pair	같은 숫자 2쌍	8배	
3 of a kind	카드 4장 중 3장의 카드 같은 숫자	5배	
Pair	카드 4장 중 같은 숫자 1쌍	1배	

4. Pontoon

① 폰툰 게임은 숫자 10카드 4장을 제외한 48장을 1덱으로 정하여 사용하는 게임이다. 블랙잭에서는 Ace와 10 가치 카드의 조합을 '블랙잭'이라 부르듯이 폰툰은 '폰툰'이라 부른다. 폰툰은 유럽과 호주에서 인기 있는 게임이고 지역마다 게임규칙은 조금씩 다르지만 기본적으로 딜러 1카드 블랙잭과 같이 페이스 업 딜러 카드 1장만 받고 게임이 시작된다. 그래서 폰툰이나 21이 나오면 즉시 페이 되기 때문에 이후 딜러 카드가 21이나 블랙잭이 나오더라도 결과적으로 플레이어가 승리한다.

② 폰툰 게임의 특징

- 숫자 10 카드를 제외(1덱=48장)
- 추가카드를 받은 뒤 서렌더 가능
- 딜러 카드 폰툰인 경우 베팅금액 전부 잃음
- 숫자 9~11인 경우 더블다운 가능
- 더블다운 후 Ace는 숫자 1로 가산(ex : A, 7, 2 카드 숫자 합 = 10)

- 더블다운 직후 서렌더 가능
- 딜러 카드 소프트 17일 때 추가카드 받음
- 플레이어 핸드 추가카드를 통해 숫자 21이 되면 즉시 승리
- 플레이어 핸드 폰툰일 경우 즉시 페이

5. Super Fun 21

① 슈퍼펀 21 게임은 카드 52장 1덱으로만 플레이 하는 블랙잭 변형 게임이다. 카드 1덱만 사용하기 때문에 추가카드를 받을 때 다음 나오게 될 카드를 예측하기 더 수월할 수 있지만 대신 블랙잭 페이가 1.5배가 아닌 1배이다. 미주지역에서 인기 있는 변형 블랙잭 게임이다.

② 슈퍼펀 21 게임의 특징

- 카드 1덱(52장)만 사용
- 블랙잭 페이 1배
- 추가카드 받은 뒤 더블다운 가능
- 추가카드를 받은 뒤, 더블다운 직후 서렌더 가능
- 플레이어 카드 숫자 21이 되면 즉시 페이
- 플레이어 카드 총 6장으로 카드 합 20 이하면 자동 승리
- 딜러 카드 소프트 17일 때 추가카드 받음

③ 슈퍼펀 21 게임은 특정 조건에 당첨되면 더 높은 배당금을 지급한다.

당첨조건	배당률
카드 5장 이상으로 숫자 합 21	2배
♦ 문양 카드 블랙잭	2배

6. Double Exposure Blackjack

① 더블 익스포저 블랙잭은 변형 블랙잭 게임 중 가장 파격적인 게임이라 할 수 있다. 최초 2장의 딜러 카드를 모두 오픈하고 게임을 시작하게 된다. 플레이어는 최초 딜러 카드 숫자를 2장 모두 알고 있기 때문에 가끔은 플레이어 카드의 합이 19인 경우도 추가카드를 받는 경우도 발생할 수 있다.

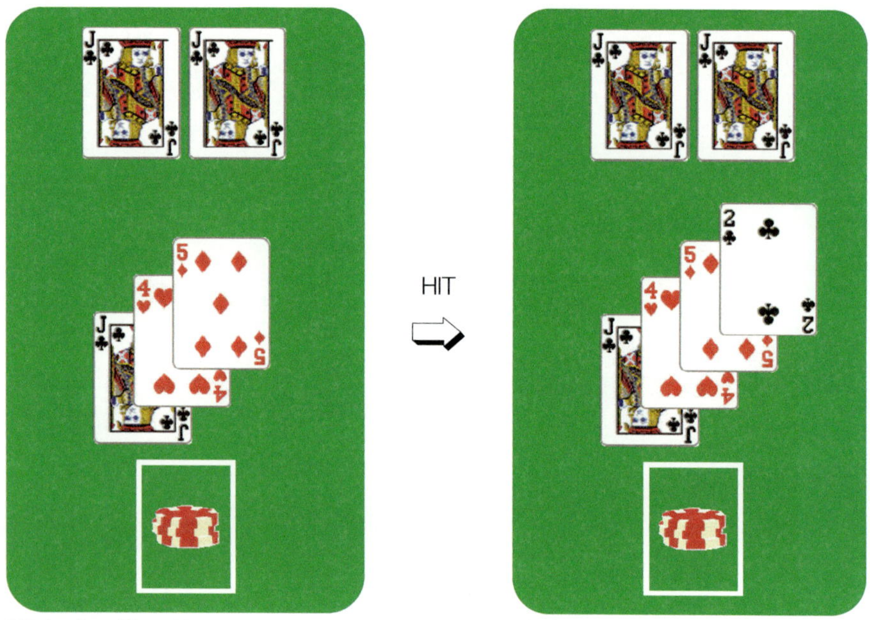

딜러 카드 합 : 20
플레이어 카드 합 : 19

딜러 카드 합 : 20
플레이어 카드 합 : 21

② 더블 익스포저 블랙잭 게임의 특징

- 최초 딜러 카드 2장 모두 오픈 후 플레이어 추가카드 드로잉 진행
- 딜러 카드 소프트 17일 때 추가카드 받음
- 인슈런스 베팅 불가
- 딜러, 플레이어 비기는 경우 딜러 승리
- 딜러, 플레이어 모두 블랙잭인 경우는 플레이어 승리
- 블랙잭 페이 1배

CHAPTER 03

룰렛 Roulette

Chapter

03 룰렛Roulette

제1절 게임 개요

1. 정의

룰렛(Roulette)의 휠은 1~36, 00, 0 총 37~38개의 숫자가 동일한 간격으로 배열되어 있고 레이아웃 위에는 룰렛 휠과 동일한 숫자가 일정한 규칙에 의해 그려져 있다. 휠이 돌아가면 휠이 회전하는 반대 방향으로 딜러가 공을 돌린다. 볼이 회전하다 낙착되면 딜러는 그 번호에 당첨되지 않은 칩스는 모두 테이크하고 당첨된 칩스는 정해진 배당대로 페이한다. 다수의 플레이어가 같은 베팅구역에 베팅을 해야 하는 경우가 많기 때문에 플레이어를 구분하기 위해 플레이칩스를 사용한 후, 테이블을 떠날 때 머니칩스로 교환하여 준다. 게임이 다른 게임에 비해 비교적 쉽기 때문에 카지노에 처음 방문한 사람도 쉽게 배워 즐길 수 있는 게임이다.

2. 유래

룰렛의 발명은 프랑스의 수학자 파스칼에 의해 지어졌다는 설이 있고, 프랑스의 수도사들이 생활의 지루함을 견디기 위해 만들었다는 설, 중국에서 만들어진 게임을 도미니쿠스 수도회의 수도사가 프랑스로 전파하였다는 설도 있다. 룰렛의 번호 1에서 36까지 숫자를 모두 합하면 666이 되며, 이는 악령을 뜻하는 숫자이므로 관련이 있다고 추측할 수 있다. 공식적으로 룰렛은 1842년에 프랑스인 프랑수아와 루이스 블랑이 발명하였다. 이 두 사람은 독일에서 이 게임을 승인받았고, 이후 모나코의 초청을 받아 성공적으로 카지노를 설립했으며, 유럽 룰렛게임의 기초가 되었다. 룰렛의 어원은 프랑스어의 'Roue(바퀴)'와 이탈리아어 'Ette(작다)'가 합성된 말 즉, 작은 바퀴란 의미를 내포하고 있다.

3. 기구명칭 및 용어 설명

① 볼

② 마커

③ 휠

④ 플레이칩스

⑤ 종

① 볼(Ball) : 룰렛게임에서 당첨번호를 정하기 위해 볼을 회전시킬 때 사용하는 기구로 상아나 플라스틱 같은 고탄력의 재질로 만든 기구

② 마커(Win Marker) : 볼이 낙착되어 당첨번호가 결정되면 레이아웃 해당 번호위에 마커를 올려놓음으로 당첨번호를 표시한다.

③ 휠(Wheel) : 37~38개의 번호가 동일한 간격으로 나누어져 있고 볼이 낙착되어 당첨번호를 결정지어 주는 기구

④ 플레이칩스(Play Chips) : 금액이 적혀져 있지 않으며 칩스 색깔로 플레이어 간 구분할 수 있도록 제작 된 칩스. 게임을 종료하고 테이블을 빠져 나갈 때 머니 칩스로 교환해야 한다.

⑤ 종(Bell) : 베팅시간 종료를 알리는 기구

제2절 테이블 레이아웃

1. 룰렛 테이블 레이아웃

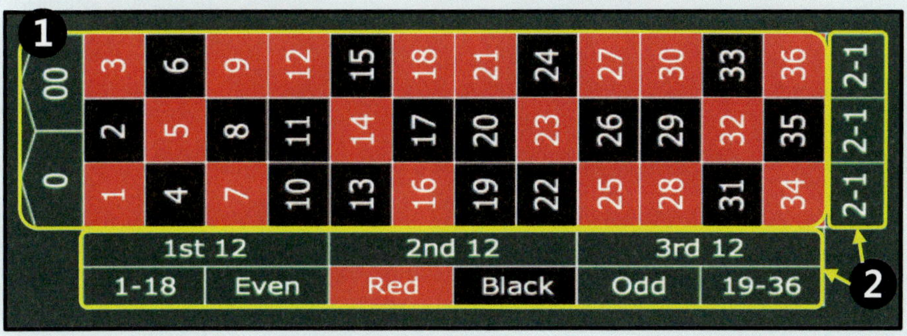

① 인사이드 베팅구역 ② 아웃사이드 베팅구역

2. 룰렛 테이블 종류

구분	싱글제로 룰렛(0)	더블제로 룰렛(0, 00)
하우스 어드밴티지	낮음 (스트레이트벳 당첨확률 1/37)	높음 (스트레이트벳 당첨확률 1/38)
특징	• 유럽 카지노 방식 • 4 Number Bet(Line)	• 미주 카지노 방식 • 5 Number Bet(Line) • 국내 대부분 카지노 채택
테이블 레이아웃	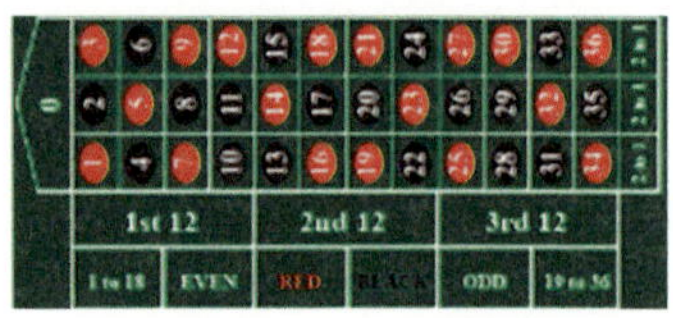	
룰렛 휠		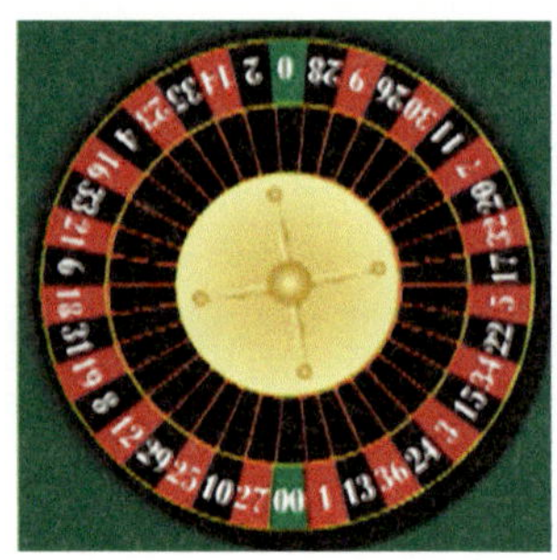

제3절 게임 진행 순서

제4절 배당

1. 테이크(Take)

볼이 낙착되어 당첨번호가 정해지면 당첨되지 않은 모든 칩스 테이크

2. 페이(Pay)

Outside Bet, Inside Bet 순서대로 배당률에 따라 페이

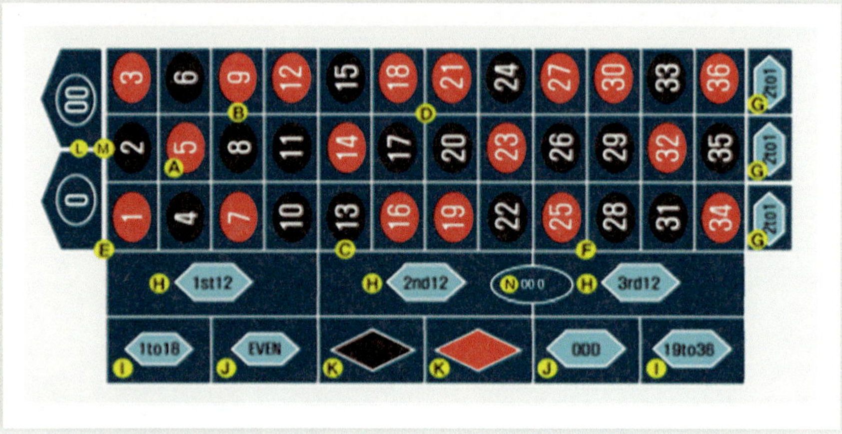

Inside Bet [개인 전용칩(Play Chips) 사용]				
구분	배당명칭	베팅방법	배당(배)	예시(당첨번호)
A	Straight Bet (Single Number Bet)	번호가 새겨진 사각형 중앙에 칩스를 올려놓고 선을 건드려서는 안됨	35	5
B L	Split Bet (Two Number Bet)	칩스를 두 번호 사이의 선 위에 놓음 (0, 00 포함)	17	B : 8, 9 L : 0, 00
C M	Street Bet (Three Number Bet)	칩스를 레이아웃을 가로지르는 세 가지 번호가 있는 선 위에 놓음(0, 00, 2 포함)	11	C : 13, 14, 15 M : 0, 00, 2
D	Square Bet (Four Number Bet)	네가지 번호를 교차하는 중간 선 위에 칩스를 놓음	8	17, 18, 21, 21
E	Five Number Bet	칩을 1, 2, 3, 0, 00의 교차하는 모서리 지점에 놓음	6	0, 00, 1, 2, 3
F	Six Number Bet (Line Bet)	칩스를 두 개의 Street가 교차하는 선 위에 놓음	5	25, 26, 27 28, 29, 30

Outside Bet(Cash Chips, Play Chips 모두 사용)				
구분	배당명칭	베팅방법	배당(배)	예시(당첨번호)
G	Column Bet	레이아웃 하단 세 구역 중 선택하여 칩스베팅 (해당 구역의 상위 수직선상의 12개 번호 당첨)	2	
H	Dozen Bet	1st 12에 베팅	2	1~12
		2st 12에 베팅		13~24
		3st 12에 베팅		25~36
I	High/Low Number Bet	Low Number(낮은 숫자)	1	1~18
		High Number(높은 숫자)		19~36
J	Even/Odd Number Bet	Even(짝수)에 베팅	1	짝수
		Odd(홀수)에 베팅		홀수
K	Color Bet	적색(Red)에 배팅	1	적색(Red)
		흑색(Black)에 배팅		흑색(Black)
N	Courtesy Bet	0, 00이 적힌 베팅구역 베팅(N=L)	17	0, 00

제5절 게임규칙

1. 게임 진행

① 룰렛 게임을 하기 위해선 먼저 플레이 칩스를 구매해야 한다. 아웃사이드 베팅 구역은 정액칩스를 사용하여도 무방하지만 인사이드 베팅구역은 게임 중 많은

칩스가 쌓여 플레이어 간 칩스가 섞일 수 있으므로 1명의 플레이어만 정액칩스를 사용할 수 있다. 보통 플레이어 1명당 각자 다른 색깔의 룰렛 전용칩스(Play Chips)를 사용한다.

② 룰렛 게임은 크게 두 가지의 베팅구역으로 나눌 수 있는데, 첫 번째는 인사이드(Inside) 베팅구역이다. 인사이드 베팅구역은 0, 00, 1~36 까지의 숫자에 직접 베팅하는 것을 말한다. 당첨 확률이 낮기 때문에 베팅종류에 따라 5~35배까지 배당을 받는다. 두 번째 베팅구역은 아웃사이드(Outside) 베팅구역이다. 숫자에 직접 베팅하는 것이 아닌 특정 범위에 베팅하는 구역이다.

③ 딜러가 베팅 가능을 알리는 콜을 하면 레이아웃 베팅구역에 베팅한다. 플레이칩스를 사용하면 인사이드, 아웃사이드 베팅구역 모두 베팅할 수 있고 정액칩스를 사용 할 경우 인사이드에는 정액칩스 사용자 중 1명만 베팅할 수 있고 그 외 사람은 아웃사이드만 베팅할 수 있다.

④ 베팅이 적정하게 이뤄지면 딜러는 볼을 잡고 휠 안에 스핀을 한다. 볼이 회전하고 있는 중에도 딜러의 베팅 불가를 알리는 콜 전까지 계속해서 베팅이 가능하다.

⑤ 볼이 낙착되면 딜러는 당첨된 번호 정중앙에 마커를 올려 당첨 번호를 표시한다.

⑥ 당첨번호가 표시되면 딜러는 미당첨 칩스는 테이크, 당첨 칩스는 페이한다.

⑦ 플레이어는 게임이 완전히 끝나고 테이블을 빠져 나갈 때 플레이 칩스를 다시 머니칩스로 교환하여 테이블을 나간다.

제6절 베팅 유형별 당첨구역 예시

1. Inside Bet

① Straight Bet(Single Number Bet) : 35배

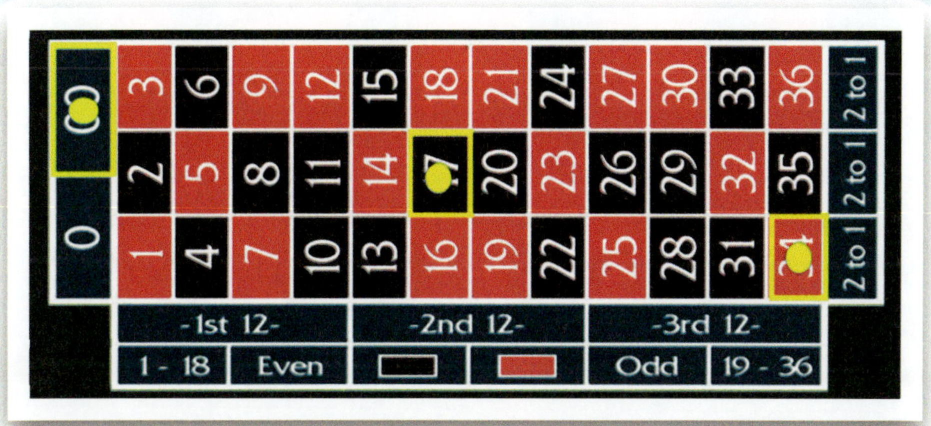

숫자 한 개에 베팅하는 것. 당첨번호를 제외한 모든 베팅된 칩스는 테이크된다. 룰렛 게임에서 제일 높은 배당을 받을 수 있다.

② Split Bet(Two Number Bet) : 17배

숫자 두 개에 베팅하는 것. 숫자 2개의 경계에 칩스를 베팅하고 당첨번호가 두 개 중 하나가 나오면 당첨된다.

③ Street Bet(Three Number Bet) : 11배

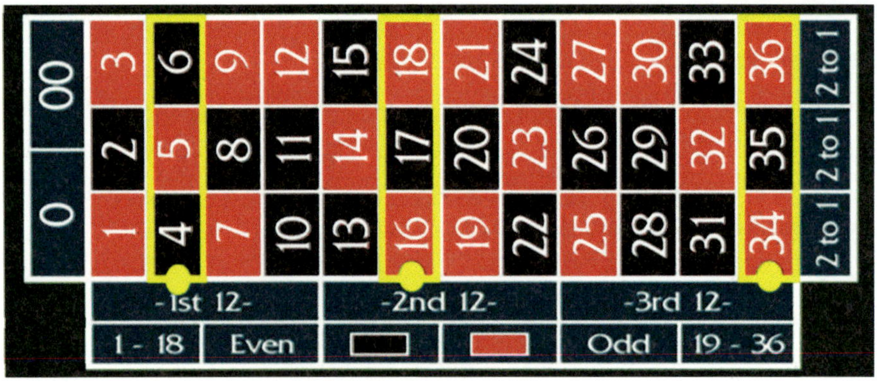

숫자 세 개에 베팅하는 것. 아웃사이드와 인사이드 베팅구역 경계에 칩스를 베팅하고 베팅한 곳 위 쪽 3개의 숫자 중 하나가 나오면 당첨된다.

※ (0, 1, 2) / (0, 2, 00) / (2, 00, 3) 만나는 구역 포함

④ Square Bet(Four Number Bet) : 8배

숫자 네 개에 베팅하는 것. 숫자 4개가 만나는 중심에 칩스를 베팅하고 숫자 4개 중 하나가 나오면 당첨된다.

⑤ Five Number Bet : 6배

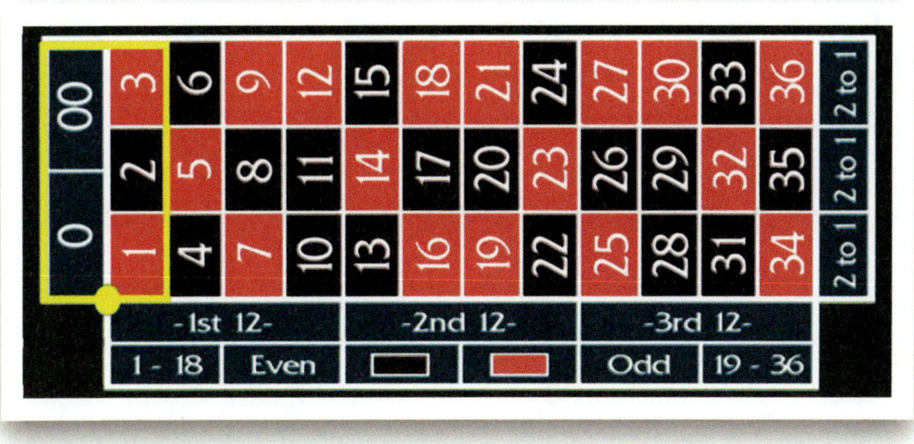

숫자 다섯 개에 베팅하는 것. Five Number Bet 베팅구역은 위 예시에 표시된 단 한 곳뿐이다. 당첨번호가 0, 00, 1, 2, 3 중 하나가 나오면 당첨된다.

⑥ Six Number Bet(Line Bet) : 5배

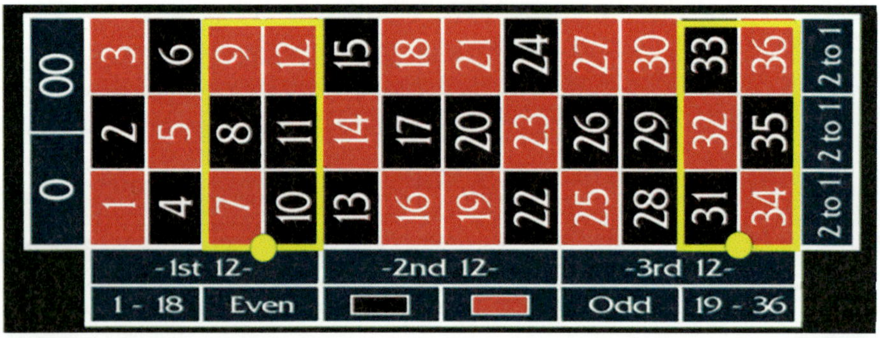

숫자 여섯 개에 베팅하는 것. 아웃사이드와 인사이드 베팅구역 경계라인에서 숫자 두 개가 만나는 지점에 베팅한다. 칩스를 베팅한 곳 위 쪽 여섯 개의 숫자 중 한 개가 나오면 당첨된다.

2. Outside Bet

① Column Bet : 2배

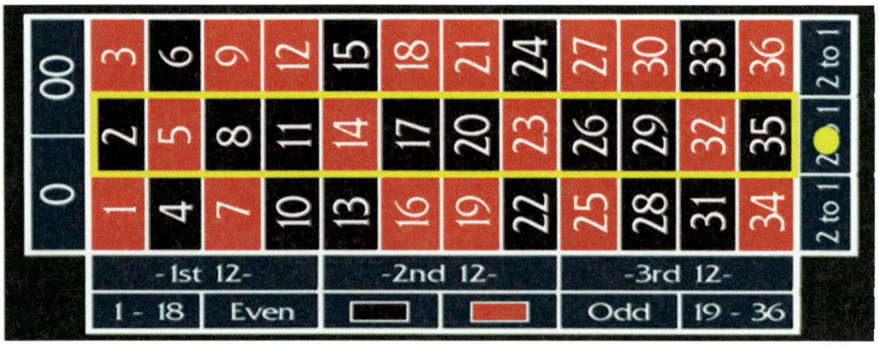

전체 숫자 중 3분의 1에 베팅하는 것. 레이아웃 오른쪽 '2 to 1' 세 곳 중 한 곳에 베팅하고 그 구역 왼쪽에 있는 숫자 전체 중 하나가 나오면 당첨된다.

② Dozen Bet : 2배

전체 번호 중 3분의 1에 베팅하는 것. 레이아웃 하단 1~12 / 13~24 / 25~36 중 한 곳에 베팅하고 그 구역 위쪽에 있는 숫자 중 하나가 나오면 당첨된다.

③ High/Low Bet : 1배

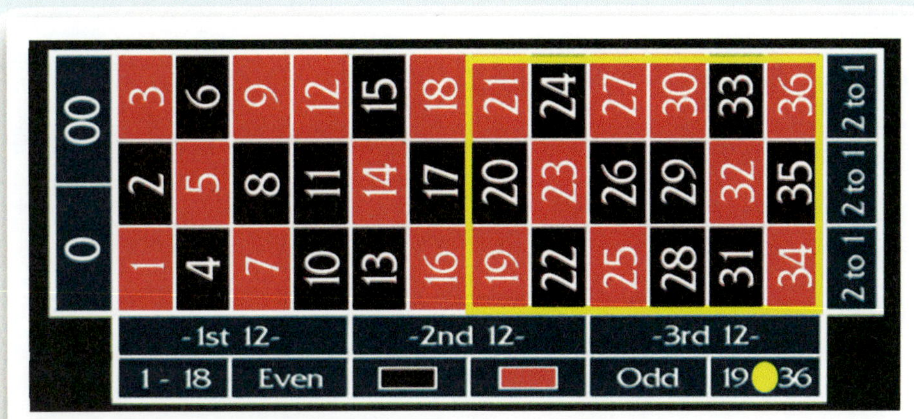

높거나 낮은 숫자에 베팅하는 것. 1~18 / 19~36 두 곳 중 한 곳에 베팅하고 그 구역에 해당하는 번호가 나오면 당첨된다.

④ Red/Black Bet : 1배

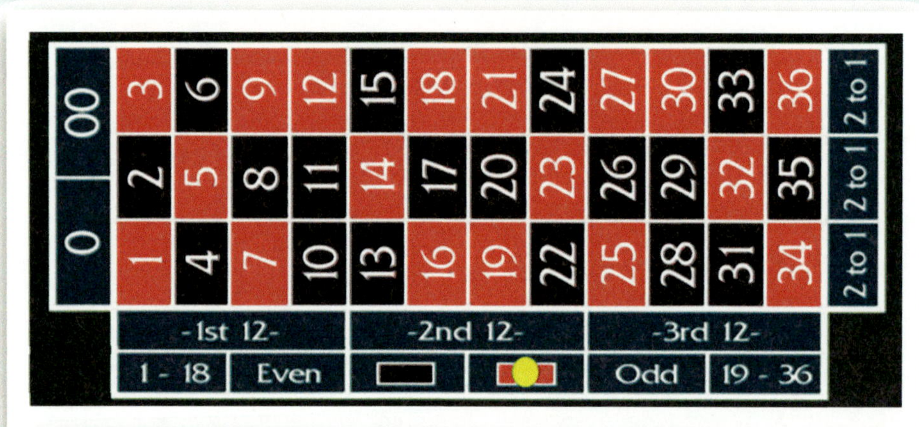

색깔에 베팅하는 것이다. Black / Red 중 한 곳에 베팅하고 볼이 떨어진 구역의 색깔이 베팅한 구역의 색깔과 같은 색이면 당첨된다.

3. 볼이 낙착 시 당첨 베팅구역 예시

① 'Number 17 Black&Odd' 볼 낙착

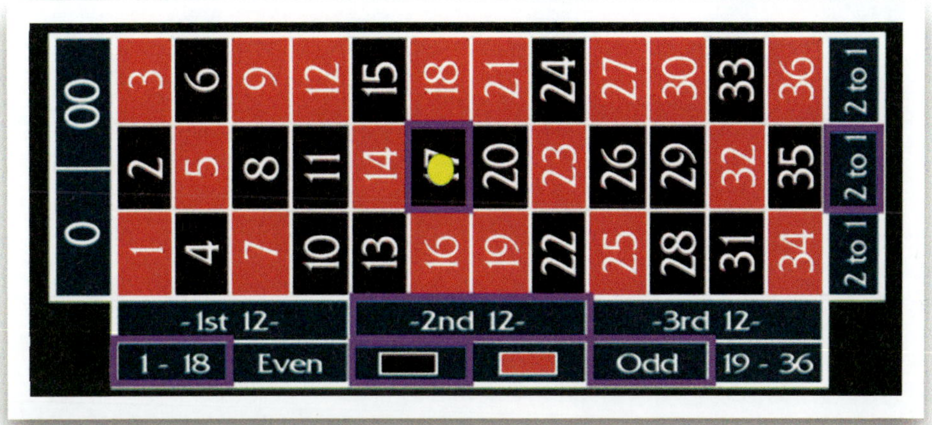

당첨번호 '17' 에 따른 아웃사이드벳 당첨구역

Column Bet : **2nd Column(2, 5, 8, 11, 14 · · · 32, 35)**

Dozen Bet : **2nd Dozen(13~24)**

High/Low Number Bet : **Low**

Even/Odd Number Bet : **Odd**

Color Bet : **Black**

② 'Single Zero' 볼 낙착

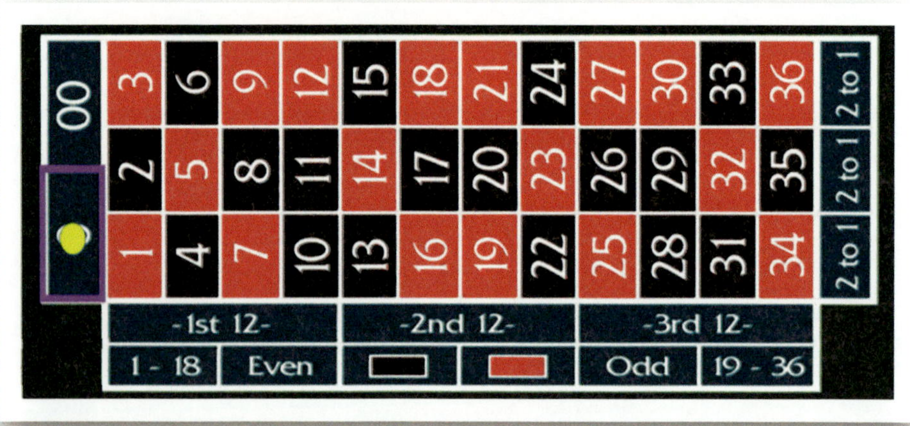

당첨번호 '0'이 나오면 아웃사이드벳은 모두 테이크된다.

제7절 패턴으로 보는 인사이드벳 당첨개수

룰렛게임 특성상 당첨된 번호 주위에 다수의 칩스가 베팅되어 있는 상황이 자주 발생하는데 딜러는 신속하게 배당금을 지급해 주기 위해 패턴을 암기하여 배당금을 페이한다.

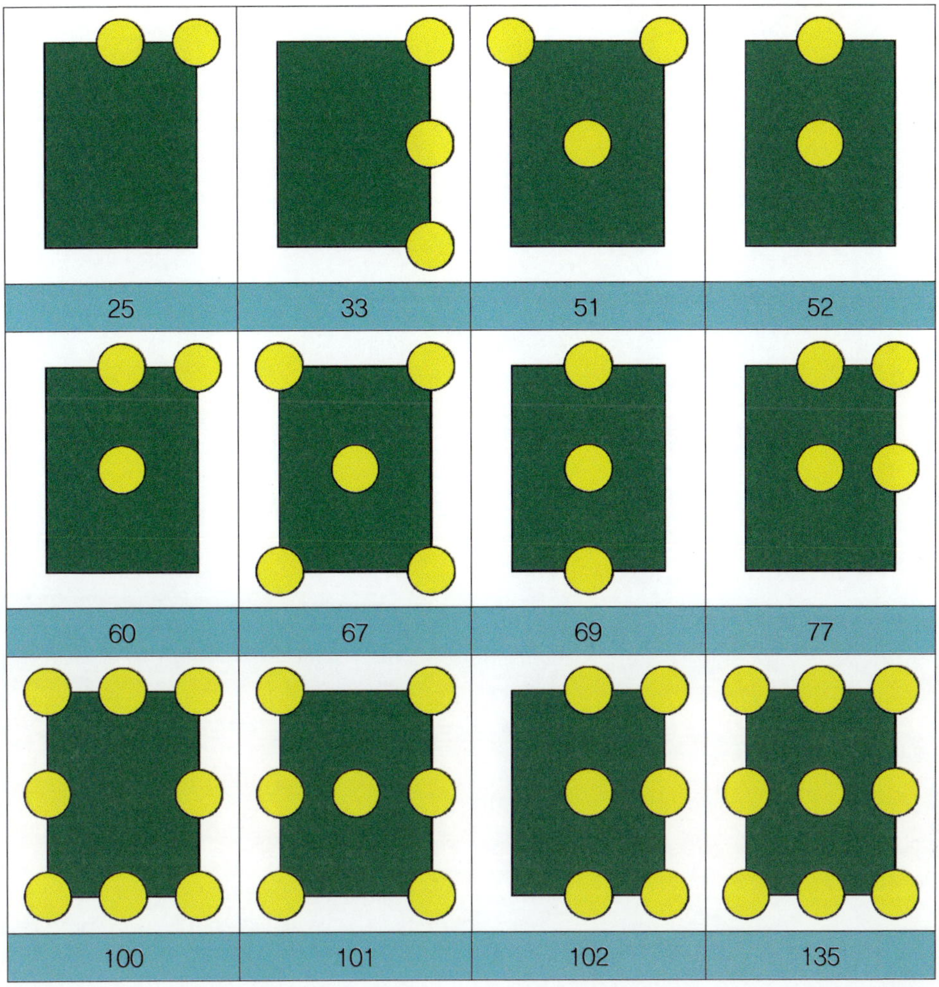
25
33
51
52
60
67
69
77
100
101
102
135

CHAPTER 04

다이사이
Tai-Sai

Chapter

04 다이사이 Tai-Sai

제1절 게임 개요

1. 정의

다이사이(Tai-Sai) 게임은 3개의 주사위를 주사위 흔들개(Shaker)에 넣고 흔들어 주사위 눈의 값이 결정나면 그 결과 값을 통해 다양한 베팅구역이 당첨되는 게임이다. 지역별로 Sic-Bo, Big&Small, Hi-Lo 등으로 불리기도 한다. 흔히 접할 수 있는 주사위를 통해 게임이 진행되고 게임규칙이 단순하기 때문에 초보자들이 좋아하는 게임이며, 특히 아시아에서 인기가 많은 게임이다. 테이블에는 전광장치가 설치되어 있어 딜러가 흔든 주사위 번호를 기기에 입력하면 당첨된 구역에만 불이 들어와 쉽게 당첨여부를 확인할 수 있으나, 베팅구역이 다양하기 때문에 플레이어 간 칩스가 섞일 수 있기 때문에 룰렛게임과 같이 플레이 칩스를 사용하기도 한다.

2. 유래

다이사이 게임의 유래는 중국에 한 제후의 신하가 급하게 돈이 필요하여 돈을 벌 목적으로 3개의 주사위로 하는 아주 쉬운 게임을 창안하여 탄생되었다는 설이 있다. 게임이 아주 쉬웠을 뿐만 아니라 당첨 확률도 높았기 때문에 수많은 중국인들의 취향에 적합했다. 그 후 20세기 초 중국계 이민자들에 의해 미국에 소개되었으며, 2002

년 5월 13일 이후 영국의 카지노에서 합법적으로 게임이 가능하게 되었다. 현재는 전 세계 대부분의 카지노에서 다이사이 게임을 즐길 수 있다.

3. 기구명칭 및 용어 설명

① 전광테이블	② 주사위
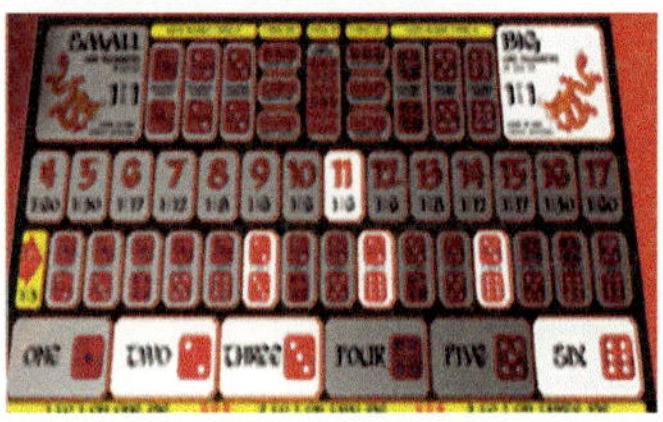	
③ 주사위 전동장치	④ 플레이칩스

① **전광테이블** : 당첨번호를 육안으로 쉽게 볼 수 있도록 빛이 들어오는 게임 테이블

② **주사위** : 게임을 하기 위한 도구. 1과 6, 2와 5, 3과 4가 서로 마주보고 있으며 면과 면 사이가 90도를 이루고 각 면의 무게가 일정하다.

③ **전동장치** : 유리로 둘러싼 용기 안에 주사위를 넣고 전동을 이용하여 주사위를 흔드는 장치

④ **플레이칩스** : 금액이 적혀져 있지 않으며 칩스 색깔로 플레이어 간 구분할 수

있도록 제작된 칩스. 플레이 칩스가 비치된 해당 테이블에서만 사용가능하며 플레이어는 게임을 종료하고 테이블을 빠져 나갈 때 머니 칩스로 교환해야 한다.

제2절 테이블 레이아웃

1. 레이아웃 A

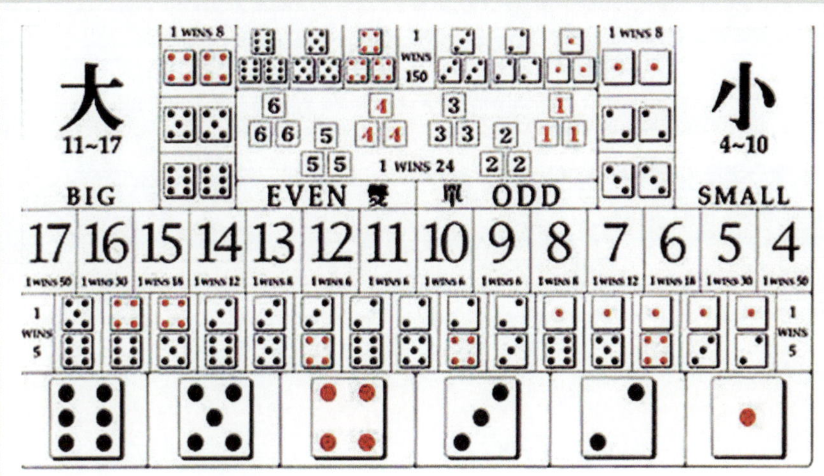

2. 레이아웃 B

레이아웃A와의 차이점은 레이아웃A보다 베팅종류 3곳 더 많음

- Four Number Combination Bet
- Three Single Number Combination Bet
- Pair Plus Bet

제3절 게임 진행 순서

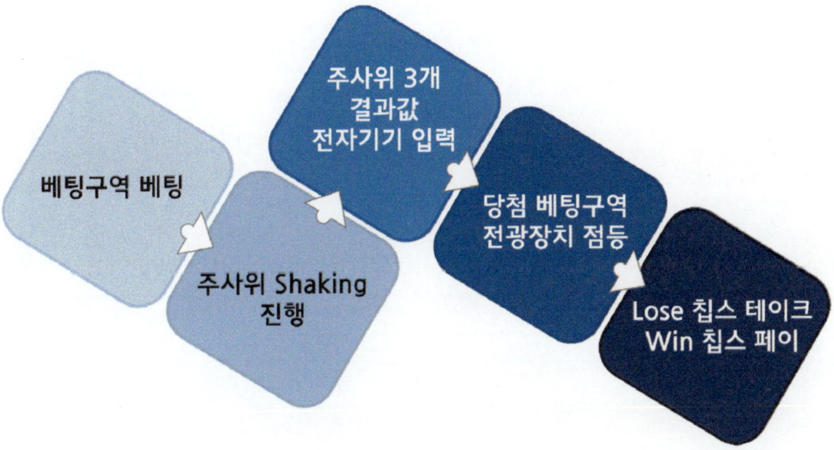

제4절 배당

1. 레이아웃 A

구분	배당	설명
❶ Big Bet(대)	1배	• 주사위 눈의 합이 11~17
❷ Small Bet(소)	1배	• 주사위 눈의 합이 4~10
❸ Even Bet	1배	• 주사위 눈의 합이 짝수
❹ Odd Bet	1배	• 주사위 눈의 합이 홀수
❺ Pair Dice Bet	8배	• 세 개의 주사위 중 2개의 주사위 값이 같음
❻ Triple Bet	150배	• 1~6까지의 주사위 눈 중에서 한 개의 숫자에 베팅하고 주사위 모두 그 숫자가 나오면 당첨. 다이사이 게임에서 제일 높은 배당이며 트리플이 나오면 트리플벳, 애니트리플벳, 싱글다이스벳을 제외한 모든 베팅칩스는 테이크된다.
❼ Any Triple Bet	24배	• 1~6까지의 주사위 숫자 중 아무 숫자나 트리플이 나오면 당첨
❽ Total Number Bet	6~50배	• 세 주사위 눈의 합을 예상하여 베팅
❾ Domino Bet	5배	• 값이 다른 2개의 주사위 숫자에 베팅
❿ Single Dice Bet	1배	• 주사위 1개의 눈에 대해 베팅하는 것이며, 같은 눈의 주사위가 2개 나오면 2배, 3개 나오면 3배 페이된다.

2. 레이아웃 B

※ 레이아웃A의 베팅구역 + 추가 베팅구역 3개

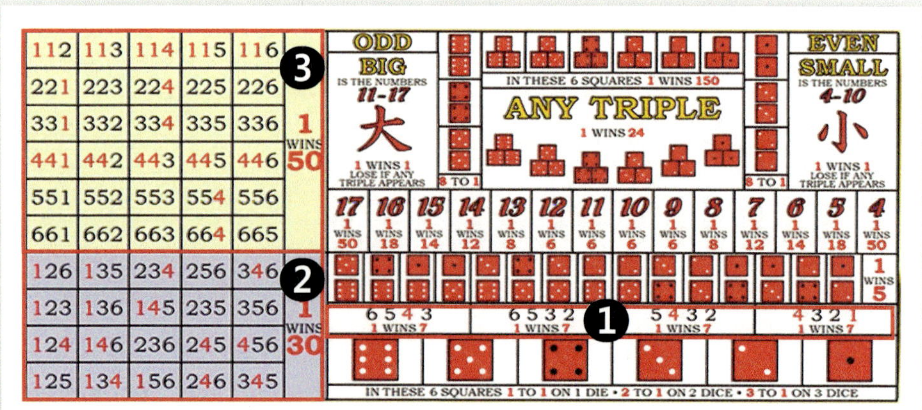

구분	배당	설명
❶ Four Number Combination Bet	7배	• 세 주사위 눈이 네 개의 숫자조합 중 세 개의 숫자와 일치
❷ Three Single Number Combination Bet	30배	• 서로 다른 세 주사위의 눈을 예상하여 베팅
❸ Pair Plus Bet	50배	• 세 주사위 중 1개의 Pair와 나머지 1개 주사위 눈을 예상하여 베팅

제5절 게임규칙

1. 게임 진행

① 플레이어는 칩스를 이용하여 다이사이 레이아웃 베팅구역에 베팅한다. 베팅 종류가 다양하며 한곳이 아닌 여러 곳에 베팅하기 때문에 플레이어 간 베팅을 구분하기 위해 플레이 칩스를 사용하기도 한다.

② 베팅이 완료되면 딜러는 주사위 셰이킹(Shaking)을 진행한다. 투명한 용기 안에 주사위 3개가 들어있는데 오래전에는 딜러가 손으로 직접 용기를 집어 흔들어 주사위를 섞었지만 요즘 카지노에서는 전기장치를 이용하여 용기를 진동시켜 주사위를 섞는다.

- 주사위가 들어있는 투명 유리 용기를 보이지 않게 덮어 놓고 주사위 셰이킹 진행 후 베팅하기도 함

③ 진동이 멈추면 3개의 주사위 결과 값을 기기에 입력한다. 만약 주사위가 겹쳐 있거나 비스듬하게 있어 판독하기 어려울 때 그 게임은 무효로 처리한다.

④ 딜러가 주사위 결과 값을 기기에 입력하면 전광 테이블 레이아웃 당첨 베팅구역에 불이 점등되어 육안으로 쉽게 당첨 여부를 알 수 있다.

⑤ 딜러는 미당첨된 베팅 칩스는 테이크하고, 당첨된 칩스는 페이한다.

⑥ 모든 당첨칩스 페이가 완료되기 전까지 베팅할 수 없고 딜러의 베팅 가능 콜 후 베팅한다.

제6절 주사위 셰이킹 결과에 따른 당첨구역 예시

1. 주사위 Shaking 결과 : 

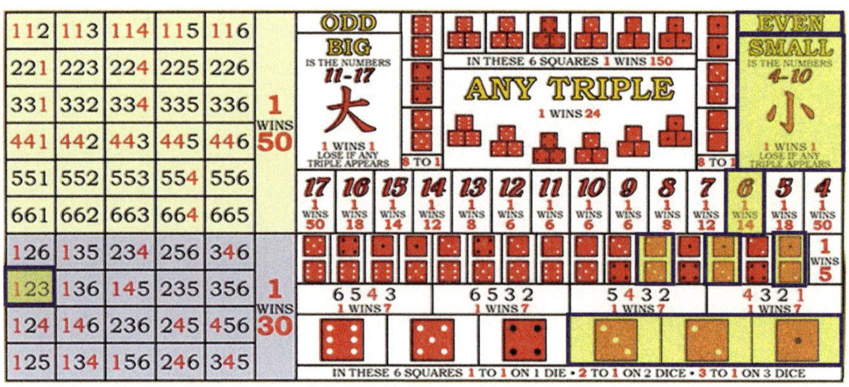

◆ **당첨구역 및 배당**

- Small Bet : 1배
- Even Bet : 1배
- Total Number Bet(6) : 14배
- Domino Bet(1·2, 1·3, 2·3) : 5배
- Single Dice Bet(1, 2, 3) : 1배
- Four Number Combination Bet(1234) : 7배
- Three Single Number Combination Bet(123) : 30배

2. 주사위 Shaking 결과 : 

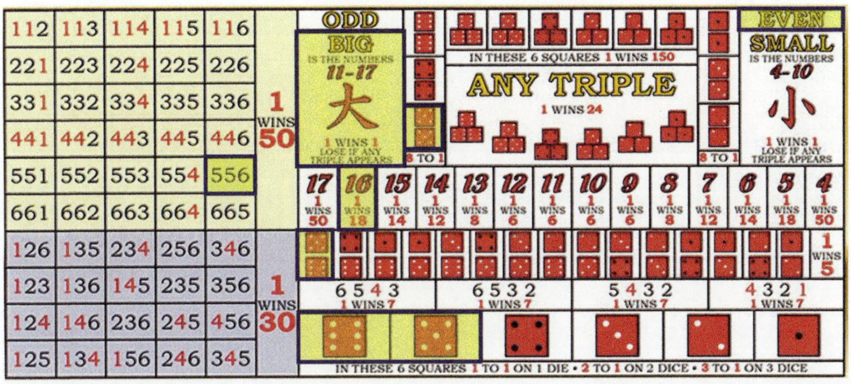

◆ **당첨구역 및 배당**

- Big Bet : 1배
- Even Bet : 1배
- Pair Dice Bet(5·5) : 8배
- Total Number Bet(16) : 18배
- Domino Bet(5·6) : 5배
- Single Dice Bet(5,6) : 5는 주사위 2개가 나왔으므로 2배, 6은 1배
- Pair Plus Bet(5·5·6) : 50배

3. 주사위 Shaking 결과 : 

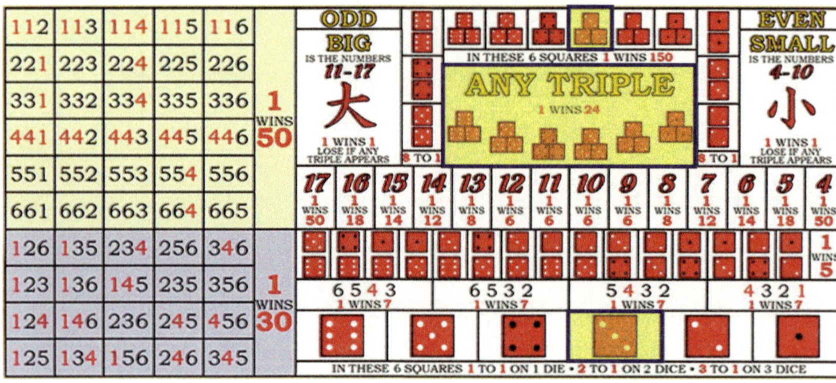

◆ **당첨구역 및 배당**

- Triple Bet : 150배
- Any Triple Bet : 24배
- Single Dice Bet(3) : 3배(주사위 숫자 1개당 1배 페이)

※ **트리플(같은 숫자 3개)이 나오면 Triple Bet, Any Triple Bet, Single Dice Bet을 제외한 모든 베팅은 테이크된다.**

CHAPTER 05

빅휠 Big Wheel

Chapter

05 빅휠Big Wheel

제1절 게임 개요

1. 정의

빅휠(Big Wheel) 게임은 핀으로 동일하게 분리된 50개 이상의 슬롯이 있는 대형 휠에 고무 또는 가죽 띠가 장착된 포인터를 설치하여 딜러가 휠을 돌리면 포인터의 마찰로 인해 휠이 점점 느려지다 멈췄을 때 포인터가 정지한 슬롯이 당첨되는 게임이다. 각 슬롯에는 심볼과 배당률이 표시되어 있고 플레이어는 휠이 돌아가기 전 당첨될 슬롯을 예상하여 베팅한다. 초보자도 금방 배울 수 있는 쉬운 게임이기 때문에 카지노에 처음 방문한 고객을 유혹하기 위해 카지노 입구에 배치되어 있는 경우가 많다. 상대적으로 다른 테이블 게임에 비해 베팅금액이 크지 않은 게임이며 요즘 카지노에서는 점차 전자테이블 게임 형태로 바뀌고 있는 추세이다.

2. 유래

빅휠의 기원은 수백 년 전 군대에서 찾을 수 있다. 군인들이 전투에서 패한 적들에게 몰수한 물건들을 나눠 가질 때 서로 비싼 물건들을 가지려 하자 갈등을 피하기 위해 이 게임을 사용하도록 했다고 한다. 이후 빅휠은 다양한 축제에서 빠질 수 없는 하나의 놀이가 되었다. 그 전통은 오늘날까지 계속 유지되어 왔으며 게임방식이 매우 간단하여 TV프로그램에도 자주 등장하는 모습을 볼 수 있다. 카지노에서 빅휠은 'Wheel of Fortune', 'Big Six', 'Money Wheel' 이름으로도 운영되고 있다.

제2절 테이블 레이아웃

1. 빅휠 테이블 레이아웃

① 베팅구역 심볼(Symbol) ② 배당률

*** 심볼은 카지노마다 특성에 맞게 직접 정하여 사용(ex: 색깔, 보석, 지폐 등)**

2. 빅휠

구분	빅휠	빅휠(전자테이블 게임)
특징	• 딜러가 직접 손으로 휠 회전 진행 • 칩스를 플레이어가 직접 베팅 • 딜러가 칩스 테이크, 페이 진행	• 전동장치를 통해 자동 휠 회전 • 모니터 화면 터치를 이용한 전자식 베팅 • 테이크, 페이 자동 정산
	• 국내 빅휠 테이블의 경우 카지노 영업준칙에 따라 슬롯 개수 50개 이상	
사진		

제3절 게임 진행 순서

제4절 배당

1. 테이크(Take)

포인터가 멈춰 당첨 심볼이 정해지면 당첨 심볼에 베팅하지 않은 모든 칩스 테이크

2. 페이(Pay)

포인터가 멈춰 당첨 심볼이 정해지면 당첨 심볼의 정해진 배당률에 따라 페이

◆ 배당금 표

베팅구역 (심볼 예시)	휠에 배분된 심볼 개수 (슬롯 54개 기준)	배당률(배)
Casino	1	40
Joker	1	40
Purple	2	20
Red	4	10
Green	7	5
Blue	15	2
Yellow	24	1

- 심볼명은 카지노 특색에 맞게 정하여 사용
- 최대 배당률이 47배, 50배 이상으로 정하여 운영하기도 함

제5절 게임규칙

1. 게임 진행

① 플레이어는 칩스를 이용하여 휠이 회전하여 멈추었을 때 어떤 심볼에 멈출지 예상하고 빅휠 레이아웃 베팅구역에 베팅한다. 각 베팅구역에는 그 구역을 표시하는 심볼과 배당률이 표시되어 있고 플레이어가 쉽게 알아 볼 수 있도록 동일한 심볼이 휠에도 표시되어 있다.

② 베팅이 완료되면 딜러는 더 이상 베팅하지 못하도록 콜하고 휠을 손으로 잡고 회전시키는데 회전 방향은 카지노마다 상이하다. 휠을 회전할 때는 충분한 회전이 이뤄져 플레이어와 카지노 간 분쟁이 발생되지 않도록 해야 한다.

③ 휠이 회전을 멈추면 딜러는 가죽 띠가 멈춘 지점을 확인한 후 당첨 심볼을 모든

플레이어가 잘 알 수 있도록 콜한다.

④ 당첨 심볼이 결정 나면 딜러는 미당첨 칩스는 테이크, 당첨 칩스는 페이한다.

- 카지노에서는 다이사이 테이블 레이아웃과 같이 빅휠 테이블 레이아웃도 전광장치를 도입하여 당첨된 베팅구역에 불이 켜져 당첨 여부를 쉽게 알 수 있도록 하고 있다.

⑤ 모든 당첨 칩스의 페이가 완료될 때까지 베팅할 수 없고 딜러의 베팅 가능 콜 후 베팅해야 한다.

CHAPTER 06

카지노워 Casino War

Chapter

06 카지노워Casino War

제1절 게임 개요

1. 정의

카지노워(Casino War) 게임은 딜러와 플레이어가 각각 카드 1장을 받아 더 높은 카드의 가치를 가진 쪽이 이기는 게임이다. 카드 1장으로 승부가 나기 때문에 게임진행이 빠르고 카지노에 있는 카드게임 중 가장 배우기 쉬운 게임이라서 초보자가 많이 찾는 게임이다.

2. 유래

카지노워 게임은 아이들이 좋아하는 카드게임 War 게임을 기반으로 만들어졌다. War 게임은 2명이 하는 게임으로 52장의 카드를 둘로 나누어 가진 뒤 각각 한 장씩 오픈하여 더 높은 가치의 카드를 가진 쪽이 상대방의 카드를 가져오는 게임인데 1명이 52장의 카드를 모두 가지게 되면 이기게 된다. 만약 같은 가치의 카드가 나오게 되면 'War'를 하여 다음에 나오는 카드로 승부를 결정짓는다. 중세시대에 많은 사람들이 전염병으로 인해 집 안에서만 지내며 무료함을 달래기 위해 War게임을 즐겼고 이때 급격히 전파되었다. War게임을 기반으로 네바다주 소재 Bet Technology사에서 'Casino War'로 이름을 붙여 특허를 받았고 이후 Shuffle Master가 회사를 인수하여 특허를 보유하고 있다.

제2절 테이블 레이아웃

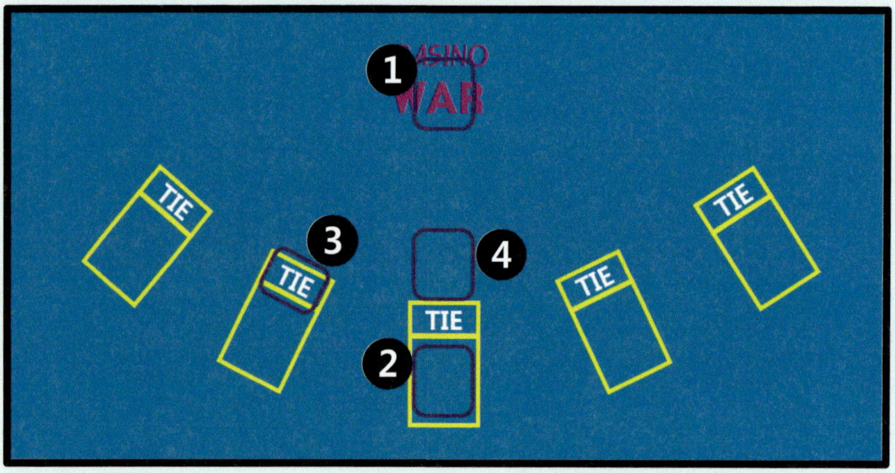

① 딜러 카드 놓는 구역 ② 베팅구역 ③ TIE 베팅구역
④ 플레이어 카드 놓는 구역

제3절 카지노워 카드 순위

카드숫자	A, K, Q, J, 10, 9, 8, 7, 6, 5, 4, 3, 2
가치	높음 ←→ 낮음

제4절 게임 진행 순서

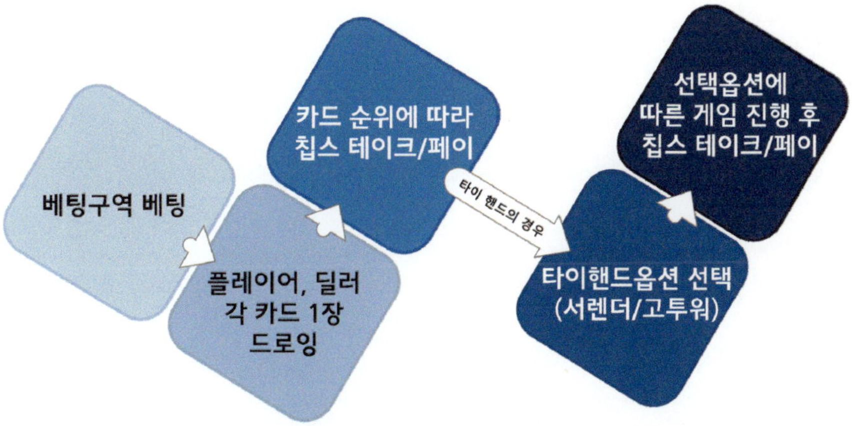

제5절 배당

1. 테이크(Take)

딜러 카드와 승부를 겨뤄 플레이어 카드의 가치가 딜러 카드보다 낮으면 테이크

2. 페이(Pay)

딜러 카드와 승부를 겨뤄 플레이어 카드의 가치가 딜러 카드보다 높으면 1배 페이

제6절 게임규칙

① 카지노워 게임은 딜러와 플레이어가 각각 카드 1장을 받아 더 높은 가치를 가진 쪽이 이기는 게임이다.

② 플레이어가 베팅하면 딜러는 1번 핸드부터 시계 방향 순서대로 카드 윗면이 위로 오게(Face Up) 하여 카드 1장을 드로잉하고 마지막에 딜러 카드를 드로잉한다.

③ 딜러 카드 드로잉이 끝나면 딜러 카드와 플레이어 카드의 가치를 비교하여 딜러 카드보다 가치가 낮은 핸드 칩스는 테이크, 딜러 카드보다 가치가 높은 핸드 칩스는 1배 페이한다.

④ 만약 플레이어 카드와 딜러 카드의 가치가 같으면 플레이어는 2가지 옵션 중 1가지를 선택할 수 있다.

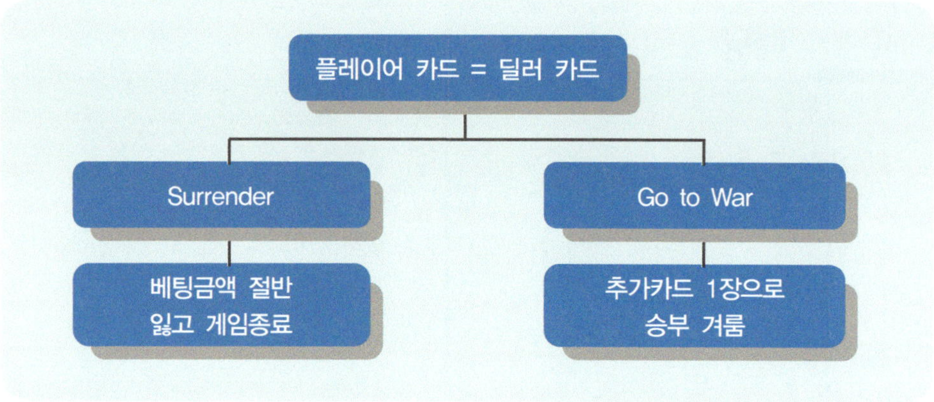

Surrender

딜러 카드와 플레이어 카드의 가치가 같은 상황이다. 이때 플레이어가 서렌더를 선택하게 되면 최초 베팅했던 금액의 절반을 잃고 해당 핸드 게임은 종료된다.

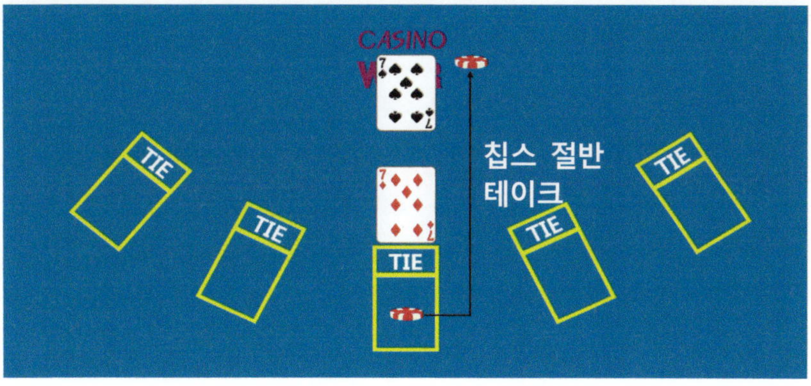

Go to War

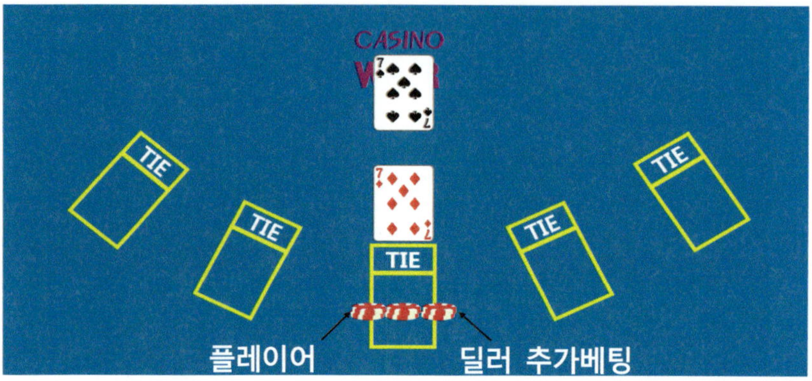

딜러 카드와 플레이어 카드의 가치가 같은 상황이다. 이때 플레이어가 Go To War를 선택하게 되면 플레이어는 최초 베팅금액과 동일한 금액을 추가로 베팅해야 한다. 딜러는 플레이어의 최초 베팅금액과 동일한 금액을 놓아 준다.

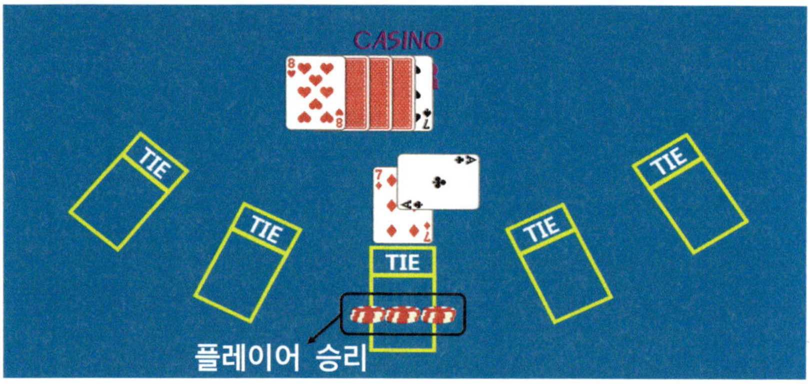

베팅이 완료되면 딜러는 슈에서 3장의 카드를 버닝하고 플레이어와 딜러 각각 추가카드를 1장씩 드로잉한다. (빠른 게임 진행을 위해 카드 3장의 버닝을 생략하기도 함) 추가카드 드로잉이 끝나면 딜러 카드와 플레이어 카드의 가치 중 높은 쪽이 베팅금액 모두를 가져간다. 위 예시는 A : 8로 플레이어 승리

NOTE

※ 만약 추가카드 또한 같은 가치의 카드가 나온다면?

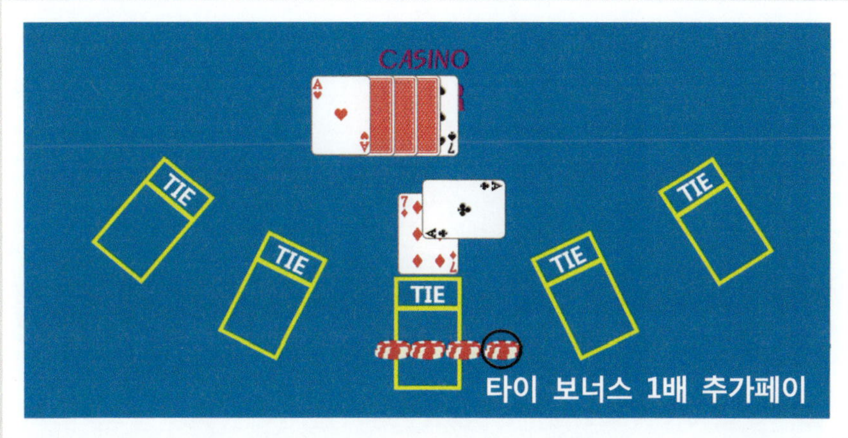

추가카드마저 같은 가치의 카드가 나오면 비기는 것이 아니라 플레이어가 승리하게 된다. 그리고 딜러는 딜러 베팅액과 같은 금액을 추가로 1배 페이한다.

제7절 별도 베팅구역(Side Bet)

1. Tie Bet

① 타이(Tie)란 최초 드로잉된 딜러와 플레이어의 카드 2장이 같은 가치의 카드가 나와 비기는 경우를 의미한다.

② 단순히 같은 숫자에 베팅하는 사이드벳이 아닌 비기는 데 베팅하는 것이므로, 본 베팅을 하지 않고 타이 베팅만 하여도 게임 참여가 가능하다.

구분	배당	설명	예시	
			딜러 카드	플레이어 카드
Tie	11배	• 같은 숫자 • 같은 알파벳		

예

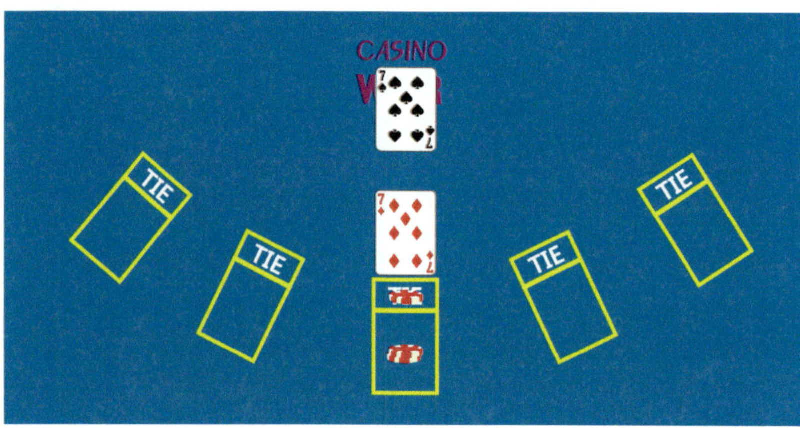

· 딜러 카드 7, 플레이어 카드 7로 Tie

· 타이 베팅 시 베팅금액의 11배 페이받음

· 타이 베팅 페이 후 Surrender / Go to War 선택 진행

CHAPTER 07

크랩스 Craps

Chapter 07 크랩스Craps

제1절 게임 개요

1. 정의

크랩스(Craps) 게임은 플레이어가 2개의 주사위를 직접 테이블 위에 던져 두 주사위 눈의 값이 결정되면 그 값을 통해 다양한 베팅구역에 베팅된 칩스를 테이크, 페이하는 게임이다. 다이사이 게임은 주사위를 전동기에 넣어 자동으로 주사위 결과 값이 결정되지만 크랩스 게임은 플레이어가 직접 주사위를 던진다는 점이 특이점이다. 슈터 1명이 직접 던진 주사위에 의해 베팅한 모든 고객의 승패가 결정나기 때문에 크랩스 테이블에서는 환호성이나 탄식 소리를 자주 들을 수 있으며 실제 카지노가 등장하는 영화에서 자주 등장하는 게임이다. 우리나라에는 현재 크랩스 테이블을 운영하는 카지노가 없으나 서양권 카지노에서는 인기 있는 테이블 게임이다.

2. 유래

크랩스 게임의 기원은 아랍인들이 옛 로마 영토로 확장했을 때 로마군인들이 즐기던 '뼈 던지기' 놀이에서 탄생했다고 할 수 있다. 그들은 숫자가 새겨진 작은 정육면체 뼈 조각을 Azzahr라 불렀는데 이 조각을 철 방패 위로 던지는 놀이였다. 이 놀이가 프랑스, 영국으로 전파되었는데 영국에서는 Hazard라는 이름으로 전파되었고 이 게임을 할 때 가장 낮게 나온 숫자를 Craps라고 불렀다. 이 놀이는 곧 미시시피 강을 오가던 프랑스계 캐나다 뱃사람들에 의해 미국 개척자들 에게 전파되었고, 이들에 의해 게임 이름이 Craps로 변화하게 되었다. 이 게임이 미국 서부로 퍼지게 됨에 따라 술집이나 도박장에서 인기 있는 게임이 되었고, 미국 남북전쟁 후 미국의 주사위 제작자 John H. winn에 의해 크랩스 게임의 게임 규칙이 정립되었다.

3. 기구명칭 및 용어 설명

① 주사위

② 크랩스 스틱

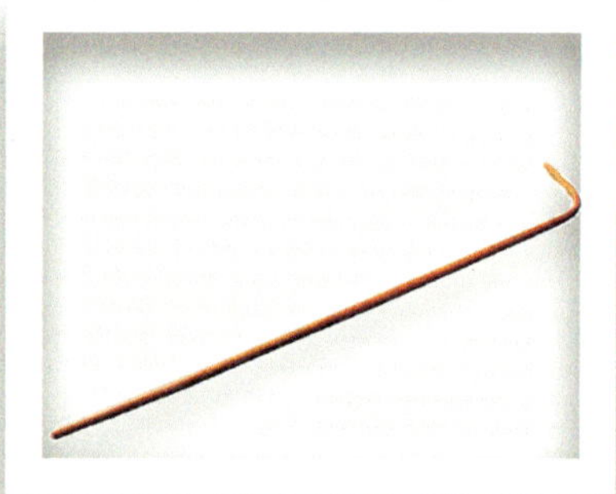

③ 포인트 넘버 마커

① **주사위(Dice)** : 크랩스 게임의 주 도구. 1과 6, 2와 5, 3과 4가 서로 마주보고 있으며 면과 면 사이가 90도를 이루고 각 면의 무게가 일정하다.

② **크랩스 스틱(Craps Stick)** : 딜러 1명(Stick Man)이 크랩스 스틱을 이용하여 먼 곳에 있는 플레이어에게 주사위를 전달하고 던져진 주사위를 다시 가져오는데 사용하는 도구이다.

③ **마커(Marker)** : 포인트 넘버가 정해지면 포인트 넘버를 표시하는 도구. 퍼스트 롤에서는 'OFF' 면을 위로 향하게 하여 테이블 중앙에 놓아두고 세컨드 롤에서 해당 포인트 넘버에 'ON' 면을 위로 향하게 하여 포인트 넘버를 표시한다.

④ **박스맨(Box Man)** : 크랩스 게임 테이블은 보통 4명이 근무하는데 3명의 딜러와 1명의 박스맨으로 구성된다. 박스맨은 테이블 중앙의 칩스를 관리하고 딜러 3명을 지휘하는 관리자 역할을 한다.

⑤ **페이맨(Pay Man)** : 크랩스 테이블 양 날개에 각 1명씩 배치 되는데 자기가 담당하는 레이아웃의 베팅과 테이크 및 페이를 수행하는 역할을 한다.

⑥ **스틱맨(Stick Man)** : 박스맨 반대편에 서서 주사위를 플레이어에게 전달하고 회수하는 역할을 하고 테이블 중앙에 위치한 하드웨이, 프로모지션, 필드 베팅을 관리하는 역할을 한다.

⑦ **슈터(Shooter)** : 주사위를 직접 던지는 플레이어를 의미한다. 슈터는 시계방향으로 차례대로 돌아간다.

⑧ **퍼스트 롤(First Roll)** : 컴 아웃 롤(Come out Roll)이라고도 한다. 새로운 게임에서 슈터가 포인트 넘버를 정하기 위해 처음 주사위를 던지는 것을 의미한다.

⑨ **세컨드 롤(Second Roll)** : 퍼스트 롤을 통해 포인트 넘버가 설정되고 추가베팅 후 다시 슈터가 주사위를 던지는 것을 의미한다.

⑩ **포인트 넘버(Point Number)** : 퍼스트 롤에서 던져진 주사위 눈 합이 4, 5, 6, 8, 9, 10 중 하나의 값이 나오면 그 숫자가 포인트 넘버로 설정되고 세컨드 롤 게임이 진행된다.

⑪ **세븐 아웃(7 Out)** : 세컨드 롤 결과 주사위 눈 합이 7이 나오면 컴뱃과 애니세븐 벳을 제외한 모든 베팅이 지게 되고 게임이 끝나는 것을 '세븐아웃'이라 한다.

⑫ **크랩스(Craps)** : 크랩스 게임에서 크랩스란 주사위 눈 합이 2, 3, 12가 나오면 이를 '크랩스'라 한다.

제2절 테이블 레이아웃

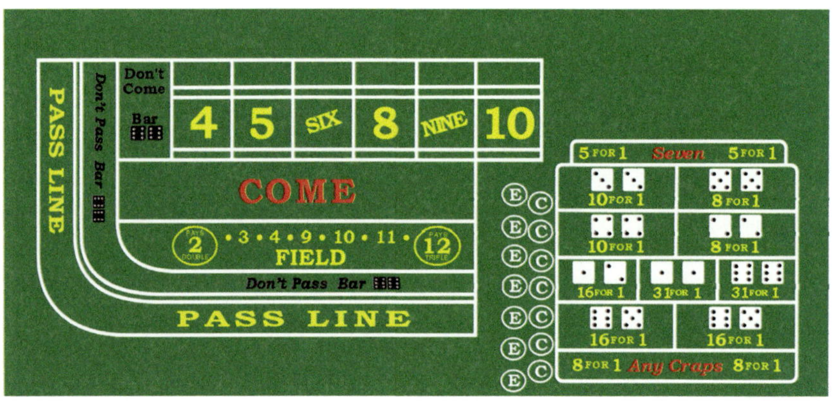

제3절 게임 진행 순서

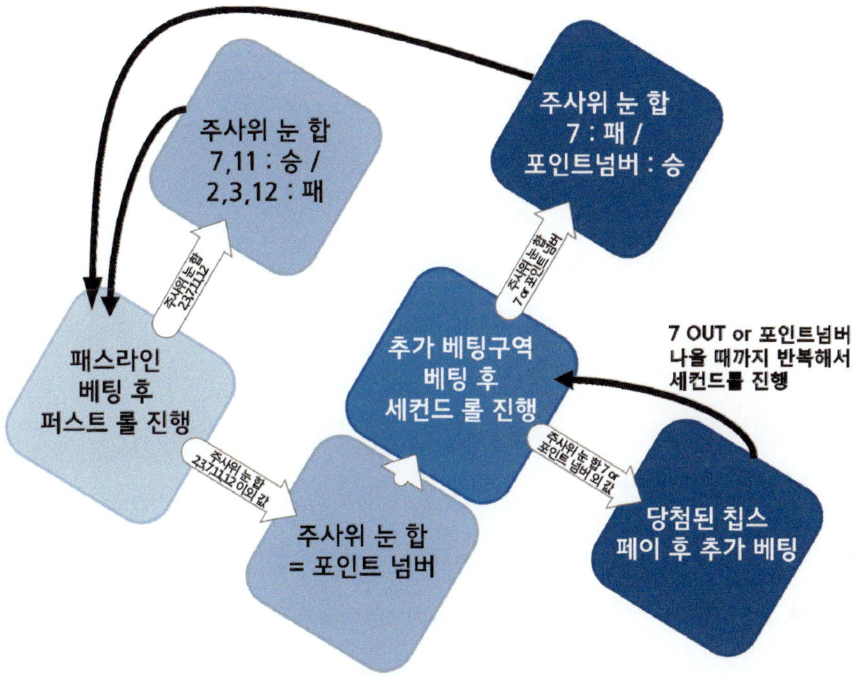

제4절 게임규칙

1. 기본 게임 규칙

① 크랩스 게임은 플레이어가 직접 주사위를 던져 진행되는 게임이며 이때 주사위를 던지는 사람을 슈터라고 한다. 슈터는 시계방향으로 돌아가며 한 사람씩 맡게 되는데 주사위를 던지기 싫으면 다음 사람에게 넘길 수 있다.

② 딜러(스틱맨)는 슈터에게 5개의 주사위를 모아 밀어준다. 슈터는 이 5개의 주사위 중 마음에 드는 2개의 주사위를 골라 게임에 사용하게 된다. 슈터가 다음

사람으로 넘어가면 다음 슈터는 다시 주사위를 고른다.

③ 슈터가 주사위를 다룰 때에는 한 손으로 다뤄야 하며 던질 때에는 주사위가 항상 반대편 쪽 벽면을 맞고 튕겨져 나와야 인정된다.

④ 크랩스 게임은 퍼스트 롤과 세컨드 롤 2개의 파트로 나누어 생각하면 게임규칙을 이해하기 쉽다. 퍼스트 롤이란 포인트 넘버가 설정되기 전 게임이고, 세컨드 롤은 포인트 넘버가 설정 된 후 게임이다. 퍼스트 롤과 세컨드 롤이 모두 끝나면 한 번의 게임이 완전히 끝난 것이다

⑤ 플레이어는 퍼스트 롤 시기에 베팅을 하지 않았어도 세컨드 롤 시기에 베팅할 수 있다. 세컨드롤 시기에 패스라인 베팅을 제외한 베팅구역은 베팅했던 금액을 변경하거나 취소할 수 있다.

2. 퍼스트 롤(First Roll)

① 슈터가 주사위를 던지기 전 패스라인이나 돈패스라인 두 곳 중 한 곳에 베팅한다. 돈패스라인은 카지노가 이기는 것에 베팅을 하는 것이지만 실제 카지노에서 대부분의 플레이어는 패스라인에 베팅한다. 베팅 후 슈터는 주사위를 던진다.

② 패스라인에 베팅했다고 가정했을 때 던져진 주사위 눈 합이 7, 11이 나오면 승리하고 2, 3, 12가 나오면 지게 되는데 이때 2, 3, 12를 '크랩스'라 한다. 퍼스트롤에서 승부가 결정 나면 다시 또 퍼스트 롤을 진행하게 되는데 7, 11이 나와 게임이 이겼다면 방금 던졌던 슈터가 계속 던지게 되고, 크랩스(2, 3, 12)가 나와 졌다면 다음 사람에게로 슈터가 넘어간다.

③ 주사위의 합이 5, 6, 8, 9, 10이 나오게 되면 승패 없이 그 번호가 포인트 넘버가 되고 'ON'이라고 적힌 마커를 포인트 넘버에 올려놓은 뒤 세컨드 롤이 시작된다.

퍼스트롤 주사위 결과

주사위 눈 합 : 7, 11 → Win

주사위 눈 합 : 2, 3, 12 → Lose

주사위 눈 합 : 4, 5, 6, 8, 9, 10 → 승패 없이 세컨드 롤 게임으로 전환

→ 주사위 눈 합의 숫자가 세컨드 롤 게임의 포인트 넘버가 된다.

3. 세컨드 롤(Second Roll)

① 포인트 넘버가 설정되면 더 다양한 베팅을 할 수 있는 본게임에 들어가게 된다. 추가 베팅 뒤 퍼스트 롤 시기에 던졌던 슈터가 다시 주사위를 잡고 던지게 된다.

② 패스라인에 베팅했다고 가정했을 때, 주사위 눈 합이 7이 나오면 컴벳과 애니세븐벳을 제외한 베팅은 모두 잃게 되고 게임이 끝나게 된다.

③ 주사위 눈 합이 포인트 넘버가 나오게 되면 패스라인벳, 아드벳을 페이받게 되고 같은 슈터가 퍼스트 롤부터 다시 게임을 시작하게 된다.

세컨드롤 주사위 결과

주사위 눈 합이 포인트넘버 → 플레이어 Win(패스라인벳, 아드벳 페이)

주사위 눈 합이 7 → 플레이어 Lose(컴벳, 애니세븐 벳을 제외한 모든 칩스 테이크)

주사위 눈 합이 7과 포인트 넘버 이외의 값

→ 다시 주사위 던짐

제5절 배당 및 베팅방법

1. 베팅구역에 따른 배당

① 패스라인(Pass Line)

- 게임을 시작하기 전 패스라인과 돈패스라인 중 1곳에 베팅해야 한다. 퍼스트 롤에서는 주사위 눈 합이 7, 11이 나오면 이기고 2, 3, 12가 나오면 지게 된다. 세컨드 롤에서는 포인트 넘버가 나오면 이기고 7이 나오면 지게 된다.

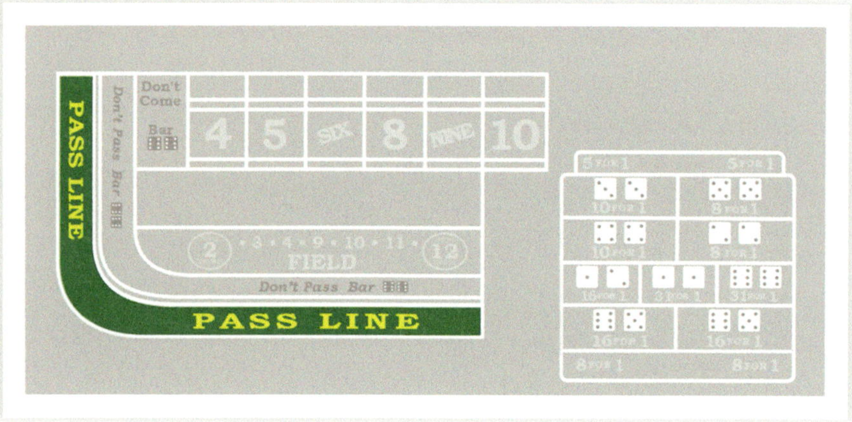

패스라인 배당률

1. 퍼스트 롤

주사위 눈 합	승/패	배당률
7, 11	승	1배
2, 3, 12	패	칩스 테이크

2. 세컨드 롤

주사위 눈 합	승/패	배당률
포인트 넘버	승	1배
7	패	칩스 테이크

② 돈패스라인(Don't Pass Line)

- 카지노가 이기는 데 베팅을 하는 것이다. 패스라인과 반대로 퍼스트롤에서는 주사위 눈 합이 2, 3이 나오면 이기고 7, 11이 나오면 지게 되며 12가 나오면 비긴다. 세컨드 롤에서는 7이 나오면 이기고 포인트 넘버가 나오면 지게 된다.

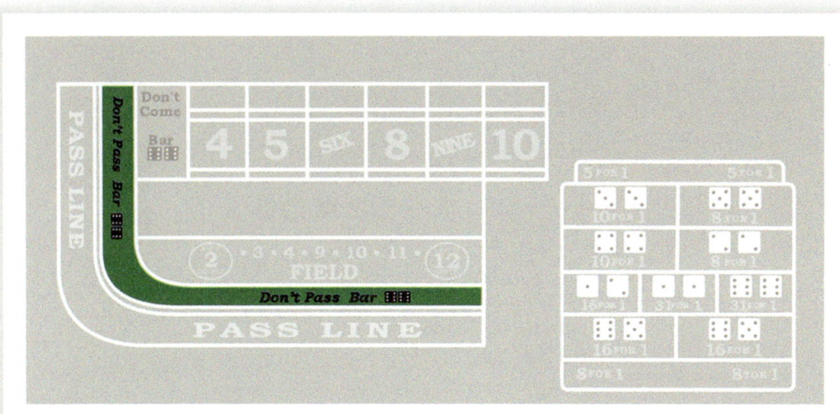

돈패스라인 배당률

1. 퍼스트 롤

주사위 눈 합	승/패	배당률
2, 3	승	1배
7, 11	패	칩스 테이크
12	무	–

2. 세컨드 롤

주사위 눈 합	승/패	배당률
7	승	1배
포인트 넘버	패	칩스 테이크

③ 아즈벳(Odds)

- 세컨드 롤에서 자신이 베팅한 패스라인이나 돈패스라인에 추가로 베팅하는 것이다. 아즈벳은 하우스 어드밴티지가 0%이기 때문에 다른 게임에 비해 플레이어에게 유리한 베팅이다. 플레이어가 패스라인에 베팅했다고 가정했을 때 세컨드 롤에서 주사위 눈 합이 포인트 넘버가 나오면 정해진 배당을 받는다.

아즈벳 배당률

주사위 눈 합	베팅한도금액	배당률
4	패스라인 베팅금액의 3배	2 to 1(2배)
5	" 4배	3 to 2(1.5배)
6	" 5배	6 to 5(1.2배)
8	" 5배	6 to 5(1.2배)
9	" 4배	3 to 2(1.5배)
10	" 4배	2 to 1(2배)

※ 아즈벳 베팅 한도 금액은 카지노마다 상이함

아즈벳 베팅방법

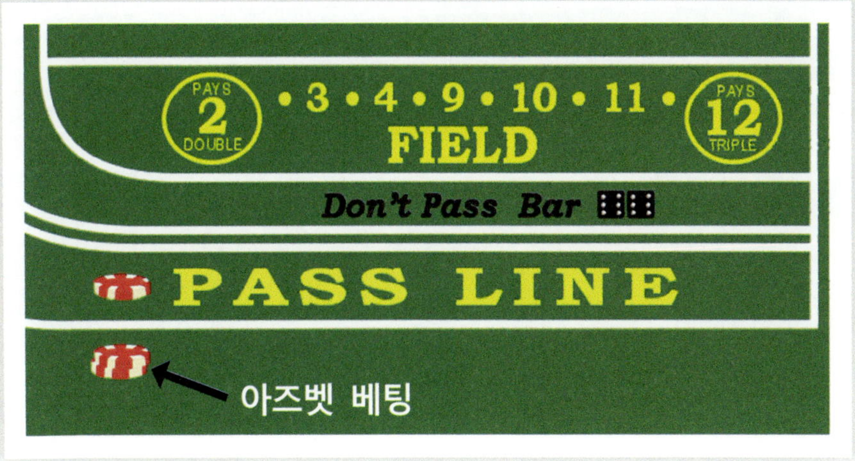

패스라인 베팅 칩스 뒤(경계선 바깥)에 베팅 칩스를 놓는다

④ 플레이스벳(Place)

세컨드 롤에서 4, 5, 6, 8, 9, 10 각 숫자에 베팅하는 것으로, 슈터가 주사위를 굴릴 때마다 당첨 번호에 해당하는 플레이스 베팅이 있다면 해당하는 배당을 받는다. 7이 나오게 되면 플레이스벳에 베팅된 모든 칩스는 테이크된다.

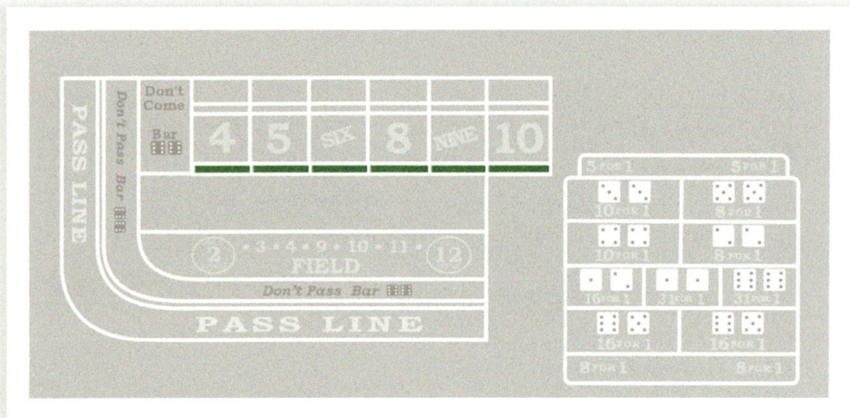

플레이스벳

주사위 눈 합	배당률
4	9 to 5(1.8배)
5	7 to 5(1.4배)
6	7 to 6(1.17배)
8	7 to 6(1.17배)
9	7 to 5(1.4배)
10	9 to 5(1.8배)

주사위 눈 합 6, 8의 플레이스벳에 베팅할 때에는 6의 배수로 베팅해야 제값을 받을 수 있다. 예를 들어 플레이스벳 6에 5000원을 베팅하게 되면 5000원만 받게 되지만 6000원을 베팅하게 되면 7000원을 페이받는다. 마찬가지로 4, 5, 9, 10은 5의 배수로 베팅해야 제값을 받을 수 있다.

⑤ 필드벳(Field)

필드벳은 주사위 눈 합이 2, 3, 4, 9, 10, 11, 12이 나오면 이기고 5, 6, 7, 8이 나오면 지는 베팅이다. 2가 나오면 2배를 페이하고 12가 나오면 3배를 페이한다. 필드벳은 주사위를 한 번 굴리면 반드시 승패가 결정난다.

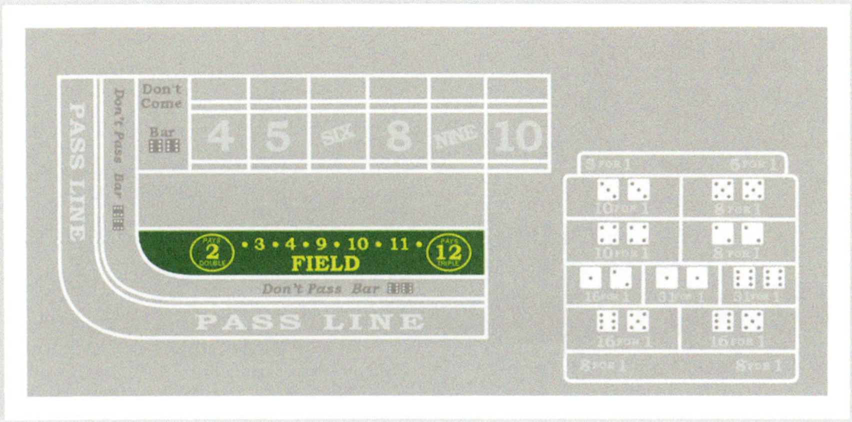

필드벳

주사위 눈 합	배당률
2	2배
3, 4, 9, 10	1배
12	3배

⑥ 컴벳(Come)

컴벳은 패스라인벳과 유사한 베팅이라고 볼 수 있다. 컴벳 베팅구역에 베팅하고 주사위 눈 합이 7, 11이 나오면 이기고 크랩스(2, 3, 12)가 나오면 진다. 그 외의 숫자가 나오면 컴벳에 베팅된 칩스가 주사위 눈 합 숫자가 적혀진 베팅구역으로 옮겨지게 되고 옮겨진 베팅에 대한 아즈 베팅을 추가로 할 수 있다. 컴벳에서 주사위 숫자 번호로 옮겨진 베팅을 플랫벳(Flat Bet)이라 한다.

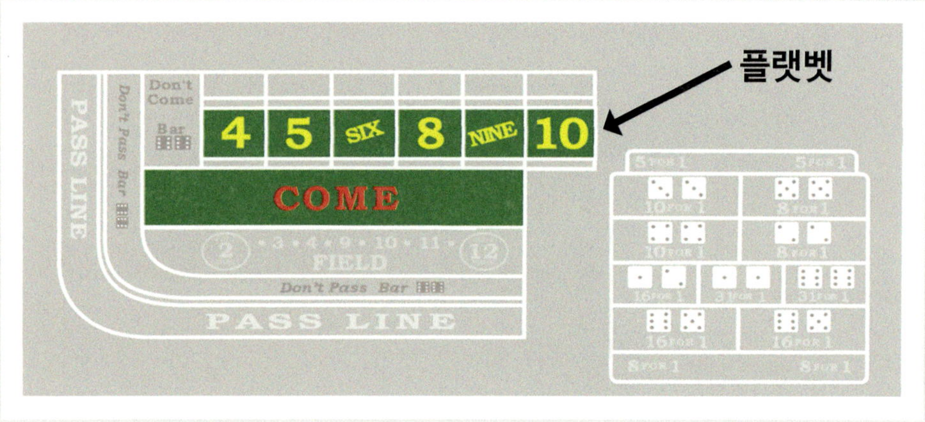

컴벳

주사위 눈 합	승/패	배당률
7, 11	승	1배
2, 3, 12	패	칩스 테이크
4, 5, 6, 8, 9, 10	주사위 눈 합에 해당하는 숫자의 플레이스벳 베팅구역으로 칩스 이동 → 플랫벳	

플랫벳

주사위 눈 합	승/패	배당률
플랫벳 베팅구역 숫자	승	1배
7	패	칩스 테이크

플랫벳의 아즈벳

주사위 눈 합	배당률
4	2 to 1(2배)
5	3 to 2(1.5배)
6	6 to 5(1.2배)
8	6 to 5(1.2배)
9	3 to 2(1.5배)
10	2 to 1(2배)

플랫벳과 플레이스벳이 헷갈릴 수 있지만 두 베팅은 배당률이 다르다. 플랫벳의 경우 당첨되면 1:1 페이를 받지만 플레이스벳은 각 당첨번호에 따라 배당률이 다르다. 플랫벳의 아즈벳과 플레이스벳 배당률도 헷갈릴 수 있으니 잘 알아두어야 한다.

예

컴벳

포인트 넘버 9인 상황, 컴벳 베팅

세컨트 롤 결과 : 눈의 합 6

컴벳에 베팅되어 있던 칩스 숫자 6 베팅구역
(플랫벳)으로 이동 후 세컨드 롤 진행

예

플랫벳의 아즈벳

플랫벳에 아즈벳을 추가할 수 있다

ex) 플랫벳 5,000원, 아즈벳 10,000원

세컨트 롤 결과 : 눈의 합 6

ex) 주사위 눈 합 6(플랫벳 + 아즈벳 당첨)

· 플랫벳, 아즈벳 각각 따로 페이

→ 플랫벳 1:1 페이 = 5,000원

→ 아즈벳 1:1.2 페이 = 12,000원

⑦ 돈컴벳(Don't Come)

컴벳이 패스라인벳과 유사한 베팅이면 돈컴벳은 돈패스라인벳과 유사한 베팅이다. 돈컴벳 베팅구역에 베팅하고 주사위 눈 합이 2, 3이 나오면 이기고 7, 11이 나오면 지게 되며 12가 나오면 비기게 된다. 그 외의 숫자가 나오면 돈컴벳에 베팅되어 있던 칩스가 주사위 눈 합 숫자에 해당하는 숫자로 옮겨지게 되고 그 베팅에 대한 아즈벳 베팅을 추가로 할 수 있다. 다음 번 세컨드 롤에서 7이 나오면 이기고 플레이스벳으로 옮겨진 칩스 숫자번호가 나오면 그 플레이스벳은 지게 된다.

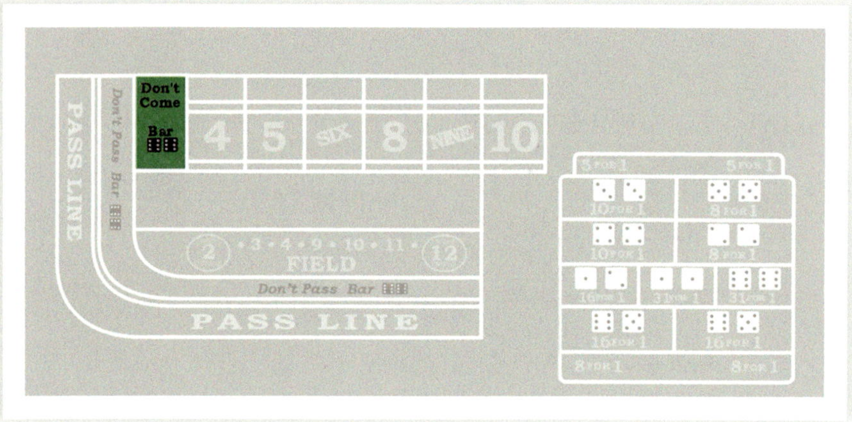

돈컴벳

주사위 눈 합	승/패	배당률
2, 3	승	1배
7, 11	패	칩스 테이크
12	무	–
4, 5, 6, 8, 9, 10	주사위 눈 합에 해당하는 숫자의 플레이스벳 베팅구역으로 칩스 이동 → 플랫벳	

돈컴 플랫벳의 아즈벳 배당률

주사위 눈 합	배당률
4	1 to 2(0.5배)
5	2 to 3(0.7배)
6	5 to 6(0.8배)
8	5 to 6(0.8배)
9	2 to 3(0.7배)
10	1 to 2(0.5배)

⑧ 하드웨이벳(Hard Way)

포인트 넘버가 될 수 있는 숫자 4, 5, 6, 8, 9, 10 중 짝수인 4, 6, 8, 10은 주사위를 던졌을 때 나올 수 있는 경우는 2가지 경우다. 첫 번째는 홀수와 홀수가 만나 4, 6, 8, 10이 나오는 경우, 두 번째는 주사위 2개가 같은 수가 나왔을 경우이다. 홀수와 홀수가 만나는 경우를 이지웨이(Easy Way)라 하고, 같은 수 2개가 나온 경우를 하드웨이(Hard Way)라 한다. 하드웨이 베팅은 베팅구역에 베팅한 뒤 7이 나오거나 이지웨이로 나오게 되면 지게 되고 하드웨이로 나오게 되면 이기는 베팅이다. 그 외의 숫자가 나오게 되면 비기게 된다.

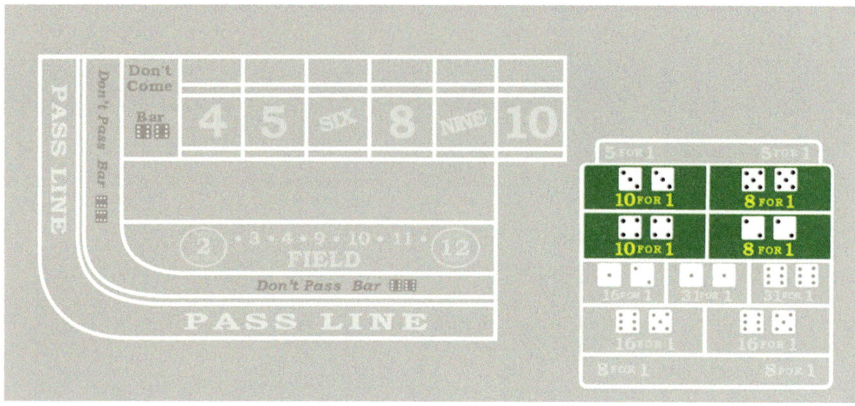

하드웨이벳 당첨 배당률

주사위 눈 합	승/패	배당률	예시
4	승	8	⚁ + ⚁
	패	–	⚀ + ⚂
6	승	10	⚂ + ⚂
	패	–	⚀ + ⚄ ⚁ + ⚃
8	승	10	⚃ + ⚃
	패	–	⚁ + ⚅ ⚂ + ⚄
10	승	8	⚄ + ⚄
	패	–	⚃ + ⚅
7	패	–	⚀ + ⚅ ⚁ + ⚄ ⚂ + ⚃

⑨ 프로포지션벳(Proposition)

주사위를 던져 나올 숫자를 예상하고 베팅하는 것. 주사위 눈 합이 베팅한 숫자가 나오지 않으면 칩스는 테이크된다. 이길 확률이 낮기 때문에 그만큼 배당도 높은 편이다.

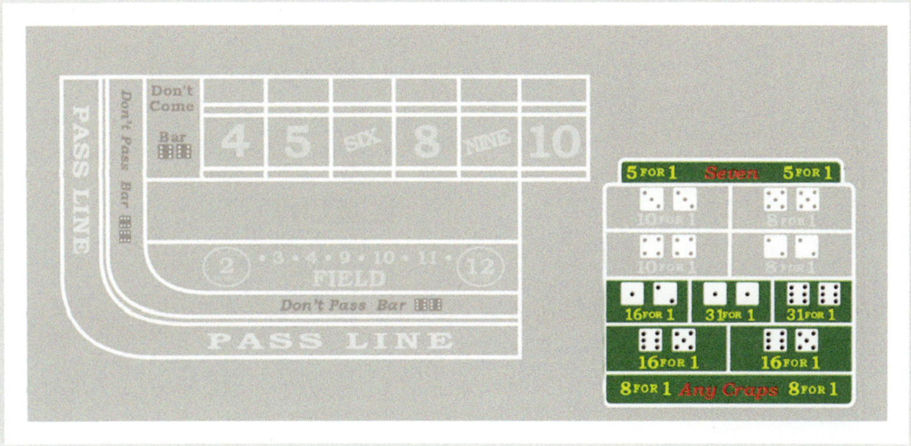

프로포지션벳 당첨 배당률

주사위 눈 합	배당률
7(Any Seven)	5배
2	31배
3	16배
11	16배
12	31배
2, 3, 12(Any Craps)	8배

CHAPTER 08

캐리비언 스터드 포커
Caribbean Stud Poker

Chapter

08 캐리비언 스터드 포커 Caribbean Stud Poker

제1절 게임 개요

1. 정의

캐리비언 스터드 포커(Caribbean Stud Poker)는 카드 1덱(52장)을 사용하며 5장의 카드를 플레이어와 딜러 각각에게 배분하여 정해진 조합 순위에 따라 하우스와 플레이어가 우열을 겨루어 더 높은 조합을 가진 측이 승리하는 게임이다. 일반적인 포커 게임과 가장 큰 차이점은 플레이어와 하우스가 1:1 대결을 펼치는 게임이라는 점이다. 또한 카드 조합에 따라 배당률이 크게 달라지며 프로그레시브 잭팟 시스템도 같이 운영하여 순위가 높은 조합을 가졌을 경우 큰 금액을 받을 수 있다는 점도 게임의 재미를 더해주는 요소이다.

2. 유래

캐리비언 스터드 포커게임은 1980년대 카리브해의 한 섬인 아루바(Aruba)에서 시작된 것으로 추정된다. 아루바에서 항해 중인 크루즈 선박에서 게임이 진행된 후 게임이 공식적으로 발견된 것이라는 설이 있다. 또 다른 설은 캐리비언 스터드 포커가 아루바의 리조트 호텔 중 한 곳에서 시작되었다가 캐리비언에 있는 다른 리조트 호텔로 퍼져 나갔다고 한다. 어떤 설이 사실인지는 알 수 없지만 아루바 및 카리브

지역은 게임 발견 및 개발에 중요한 역할을 했을 것이라 추측된다. 캐리비언에서 시작된 이 게임은 빠르게 확산되었고, 1990년대 초반 미국의 Bricks and Mortar 카지노에 처음으로 소개되었다.

제2절 테이블 레이아웃

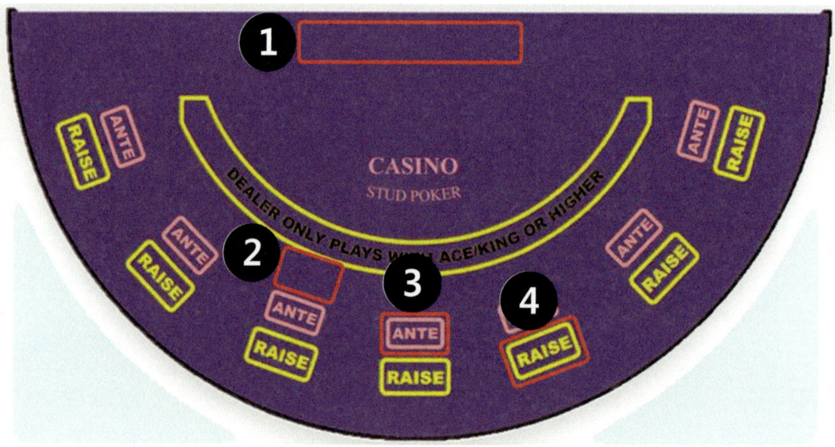

① 딜러 카드 놓는 구역 ② 플레이어 카드 놓는 구역
③ Ante 베팅구역 ④ Raise 베팅구역

제3절 캐리비언 스터드 포커 카드 순위

카드숫자	A, K, Q, J, 10, 9, 8, 7, 6, 5, 4, 3, 2, A
가치	높음 ◀━━━━━━━━━━▶ 낮음

NOTE

- 캐리비언 스터드 포커에서 카드의 가치는 문양과는 관계없이 카드 숫자에 따라 결정된다. A가 가장 높은 숫자이고, 2가 가장 낮은 숫자이다. A, K, Q, J. 10 이 5, 4, 3, 2, A보다 더 높은 스트레이트이다.
  ※ 3, 2, A, K, Q ≠ 스트레이트
- 동등한 순위의 조합이 나왔을 경우에는 조합의 숫자가 더 높은 조합을 가진 쪽이 승리하게 되며, 조합의 숫자마저 같다면 조합 이외의 카드 중 더 높은 카드를 가진 쪽이 승리하게 된다.

ex) ① 5, 5, K, 9, 8 VS ② 5, 5, 8, 6, 4
→ 5 원페어는 같지만 다음 비교 숫자인 K가 8보다 더 높기 때문에 ① 승리

제4절 게임 진행 순서

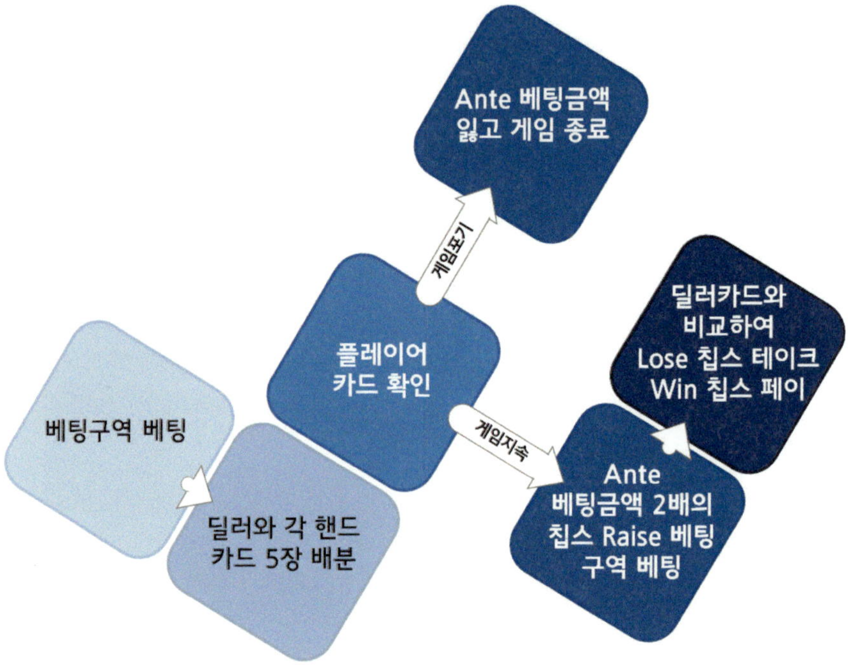

제5절 배당

1. 테이크(Take)

ⅰ. 게임을 포기하는 경우 Ante Bet 테이크

ⅱ. 딜러와 승부를 겨뤄 지는 경우 Ante Bet, Raise Bet 테이크

2. 페이(Pay)

딜러와 승부를 겨뤄 플레이어가 이길 경우

ⅰ. Ante Bet 베팅금액에 1배 페이

ⅱ. 조합 순위에 따라 Raise Bet 베팅금액 페이

핸드 순위	Raise Bet 배당 비율	핸드 순위	Raise Bet 배당 비율
Royal Straight Flush	100배	Straight	4배
Straight Flush	50배	Three of a Kind	3배
Four of a Kind	20배	Two Pair	2배
Full House	7배	One Pair	1배
Flush	5배	Ace + King	1배

제6절 게임 규칙

1. 캐리비언 스터드 포커의 조합 순위

조합	순위	설명	예시
Royal Straight Flush	높음	5장의 카드 / 같은 문양을 가지고 A부터 순서대로 나열	
Straight Flush		5장의 카드 / 같은 문양을 가지고 순서대로 나열	
Four of a Kind		4장의 카드 / 같은 숫자	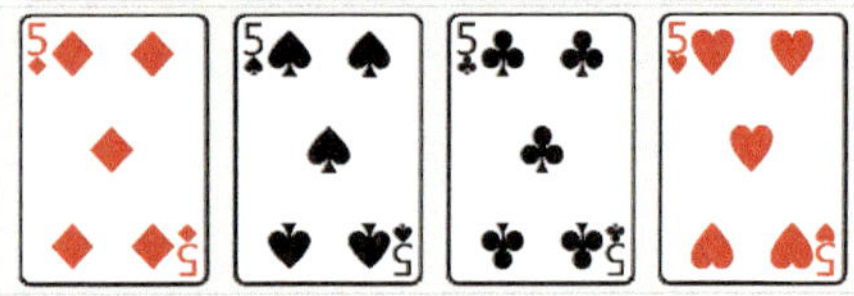
Full House		3장의 카드 / 같은 숫자와 2장의 카드 / 같은 숫자	
Flush		5장의 카드 / 같은 문양	
Straight		5장의 카드 / 순서대로 나열	
Three of a Kind		3장의 카드 / 같은 숫자	
Two Pair		2장의 카드 / 같은 숫자 2개	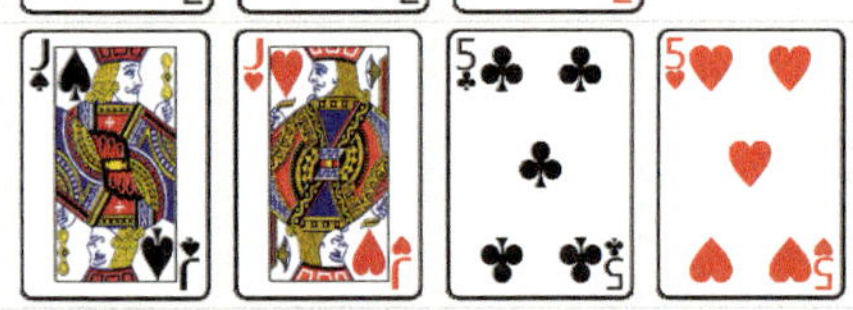
One Pair		2장의 카드 / 같은 숫자	
Ace + King	낮음	A(Ace)와 K(King)	

2. 게임 방법

① 플레이어는 Ante Bet에 일정금액을 베팅한다.

② 딜러는 플레이어에게 각각 5장의 카드를 배분하고, 딜러 역시 5장의 카드를 받은 뒤 한 장을 페이스 업시켜 플레이어가 볼 수 있도록 한다.

③ 플레이어는 자신에게 배분된 카드와 딜러의 페이스 업 카드를 확인 후, 게임의 지속 여부를 판단한다.

④ 플레이어가 게임을 계속하기를 원한다면 Raise Bet 구역에 5장의 카드를 Raise Bet 베팅구역에 페이스 다운으로 놓고 Ante Bet에 베팅된 칩스금액 2배의 칩스를 카드 위에 올려놓는다. 게임을 계속하기를 원하지 않는다면 카드를 페이스 다운으로 테이블에 내려놓고 딜러에게 게임 포기 의사(Fold)를 알린다.

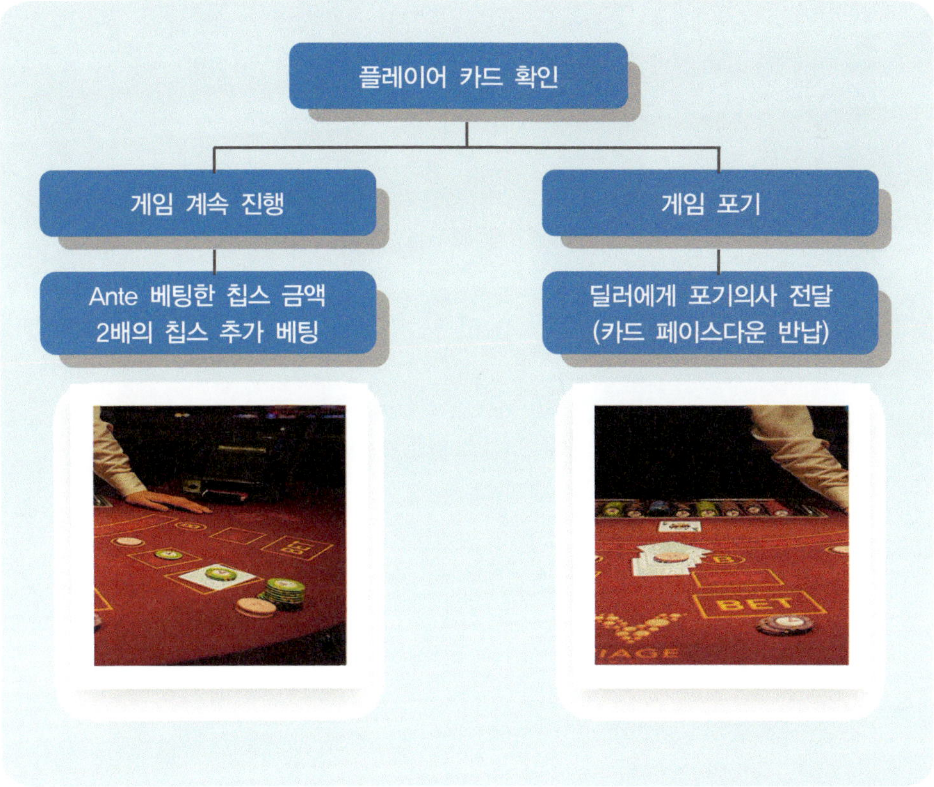

⑤ Raise Bet 베팅이 끝나면 딜러는 게임포기(Fold) 핸드의 카드와 칩스를 정리한 후 딜러 카드를 오픈한다. 딜러 카드를 오픈한 후 딜러 카드가 조합이 없는 경우(Non-Qualify) 플레이어의 핸드의 Raise Bet 베팅구역의 칩스는 다시 고객에게 밀어주고(Push) Ante Bet에 베팅된 칩스에 1배를 페이한다. 딜러가 Ace + King 이상의 조합이 나왔을 경우는 플레이어 카드의 조합과 겨루어 높은 조합을 가진 쪽이 승리한다.

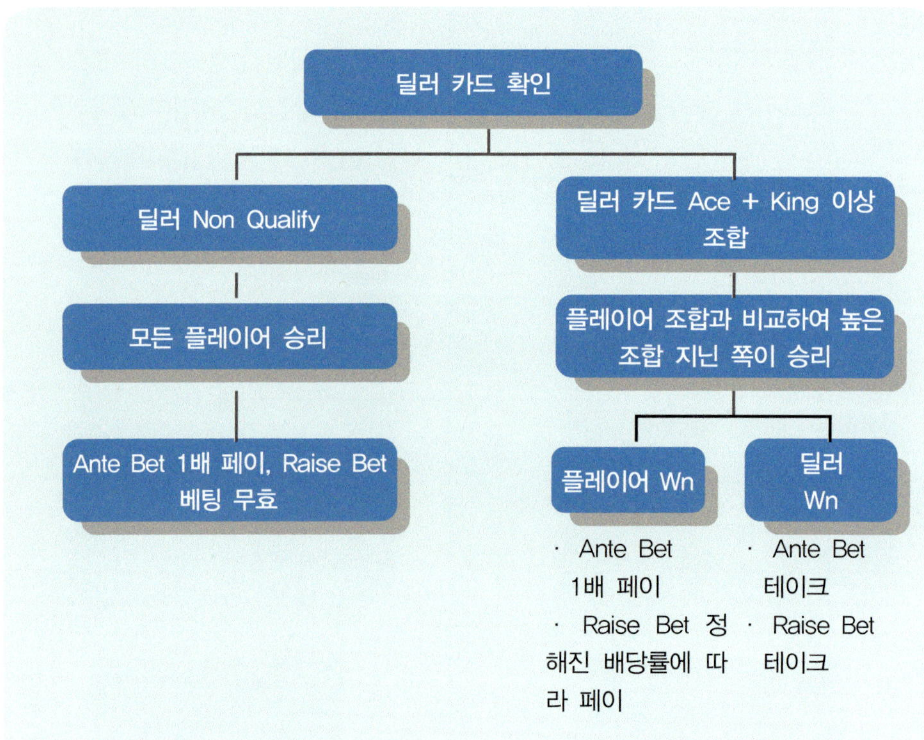

예

딜러(Non-Qualify) VS 플레이어(플러시)

- 딜러 카드  (Non-Qualify)
- 플레이어 카드  (플러시)

→ 딜러가 Non-Qualify이기 때문에 딜러는 패하게 되며, 모든 핸드의 Ante 베팅에 1배를 페이해야 한다. 하지만 Raise Bet 베팅 칩스는 페이받지 못한다. 만약, 딜러 카드가 Ace + King 이상의 조합이 나왔다면 플레이어 카드가 플러시가 나왔기 때문에 Raise Bet 베팅 칩스의 5배를 페이받는다.

예

딜러(원페어) VS 플레이어(포오브카인드)

- 딜러 카드  (원페어)
- 플레이어 카드  (포오브카인드)

→ 딜러가 원페어가 나왔기 때문에 플레이어의 조합과 겨뤄 더 높은 쪽이 승리하게 된다. 포오브카인드가 원페어보다 더 높은 조합이기 때문에 플레이어가 승리하게 된다. 플레이어는 Ante 베팅금액의 1배를 페이받게 되고 Raise Bet 베팅금액의 20배를 페이받게 된다.

제7절 별도 베팅구역(Side Bet)

1. 누적식 잭팟 시스템(Progressive Jackpot)

① 캐리비언 스터드 포커는 잭팟 시스템을 설치하여 운영할 수 있다. 테이블에 잭팟 베팅구역이 따로 설치되어 있는데 국내 대다수의 카지노는 잭팟 베팅금액을 천원으로 설정하여 운영하고 있다. 게임 시작 전 잭팟 베팅구역에 베팅한 후 게임 도중 플레이어 카드가 플러시 이상의 조합을 가졌을 때 게임의 승패와 관계없이 정해진 배당률에 의해 잭팟 금액을 페이받는다.

② 프로그레시브 잭팟 배당금액

핸드 순위	Progressive Jackpot 배당비율
Royal Straight Flush	누적 잭팟금액의 100%
Straight Flush	누적 잭팟금액의 10%
Four of a Kind	₩500,000
Full House	₩100,000
Flush	₩50,000

※ 잭팟 당첨 금액은 카지노마다 상이할 수 있음

③ 프레그레시브 잭팟 레이아웃 및 잭팟 누적금액표

프로그레시브 잭팟 시스템 레이아웃

잭팟 누적금액표

2. 고정식 잭팟 시스템(Jackpot)

① 고정식 잭팟 시스템은 플레이어가 베팅한 금액이 적립되는 별도의 시스템 없이 플레이어 카드가 플러시 이상의 조합이 나왔을 경우 미리 정해진 금액을 페이 한다.

② 고정식 잭팟 배당금액

핸드 순위	잭팟 금액
Royal Straight Flush	₩5,000,000
Straight Flush	₩1,000,000
Four of a Kind	₩500,000
Full House	₩300,000
Flush	₩100,000

③ 고정식 잭팟 시스템 레이아웃 및 잭팟 배당금표

고정식 잭팟 적용 레이아웃

잭팟 배당금 표

CHAPTER 09

쓰리 카드 포커
Three Card Poker

Chapter

09 쓰리 카드 포커

Three Card Poker

제1절 게임 개요

1. 정의

쓰리 카드 포커(Three Card Poker)는 카드 1덱(52장)을 사용하며 3장의 카드를 플레이어와 딜러에게 각각 배분하여 정해진 조합 순위에 따라 하우스와 플레이어가 우열을 겨루어 더 높은 조합을 가진 측이 승리하게 되는 게임이다. 캐리비언 스터드 포커가 변형되어 만들어진 게임이며 각 플레이어와 하우스가 1:1 대결을 펼치는 게임이다. 또한 별도 베팅구역(Side Bet)을 통해 특정 조합이 나왔을 때 큰 금액을 받을 수 있는 재미도 있다.

2. 유래

쓰리 카드 포커게임은 1994년 영국의 데릭 웹(Derek Webb)이 스터드 포커를 토대로 최초 발명했으며 1997년 특허를 받았다. 쓰리 카드 포커게임의 특징은 높은 배당금을 통해 큰돈을 한 번에 거머쥘 수 있다는 점, 기존 포커게임보다 게임규칙을 더 단순화하여 누구나 쉽게 배울 수 있다는 점, 기존 포커게임보다 더 높은 회전율을 가지고 있어 스터드 포커보다 카지노의 수입을 올리는 데 더 많은 도움이 준다는 점 등이 있다. 웹은 영국과 미국에 쓰리 카드 포커게임을 출시하기 위해 Prime Table

Games라는 회사를 설립하여 영국에 쓰리 카드 포커게임을 도입하려 했지만 영국의 테이블 게임에 대한 규정에 가로막혀 도입할 수 없었고, 미국 미시시피에 위치한 그랜드 카지노 걸프포트(Grand Casino Gulfport)에 처음으로 도입되었다. 이후 영국은 물론이고 세계 여러 국가에서 인기 있는 게임이 되었다.

제2절 테이블 레이아웃

① 딜러 카드 놓는 구역
② Play 베팅구역, 플레이어 카드 놓는 구역
③ Ante 베팅구역
④ Pair Plus 베팅구역

제3절 쓰리 카드 포커 카드 순위

카드숫자	A, K, Q, J, 10, 9, 8, 7, 6, 5, 4, 3, 2, A
가치	높음 ⟷ 낮음

NOTE

- 쓰리 카드 포커에서 카드의 가치는 문양과는 관계없이 카드 숫자에 따라 결정된다. A가 가장 높은 숫자이고, 2가 가장 낮은 숫자이다. Q, J, 10이 3, 2, A보다 더 높은 스트레이트이다.
  ※ 2, A, K 는 스트레이트 불인정
- 동등한 순위의 조합이 나왔을 경우에는 조합의 숫자가 더 높은 조합을 가진 쪽이 승리하게 되며, 조합의 숫자마저 같다면 조합 이외의 카드 중 더 높은 카드를 가진 쪽이 승리하게 된다.

ex) ① 5, 5, K VS ② 5, 5, 8
→ 5 원페어는 같지만 다음 비교 숫자인 K가 8보다 더 높기 때문에 ① 승리

제4절 게임 진행 순서

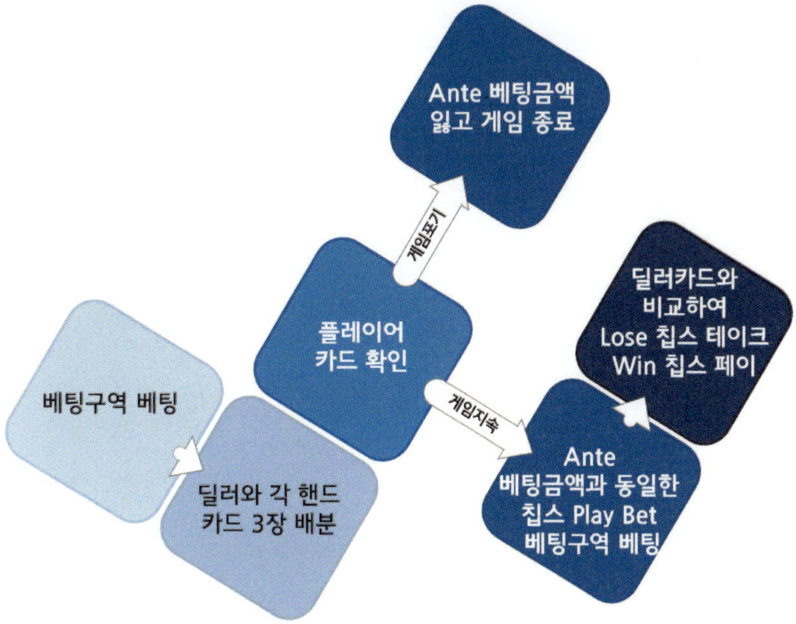

제5절 배당

1. 테이크(Take)

ⅰ. 게임을 포기하면 Ante Bet 테이크

ⅱ. 딜러와 승부를 겨루게 되면 Ante, Play Bet 테이크

2. 페이(Pay)

딜러와 승부를 겨뤄 플레이어가 이길 경우

ⅰ. Ante Bet 베팅금액에 1배 페이

ⅱ. Play Bet 베팅금액에 1배 페이

ⅲ. 조합 순위에 따라 Ante Bet Bonus 페이

Ante Bet Bonus 배당

핸드 순위	Ante Bet Bonus 배당률
Straight	1배
Three of a Kind	4배
Straight Flush	5배

제6절 게임 규칙

1. 쓰리 카드 포커의 조합 순위

조합	순위	설명	예시
Straight Flush	높음	3장의 카드 / 같은 문양을 가지고 순서대로 나열	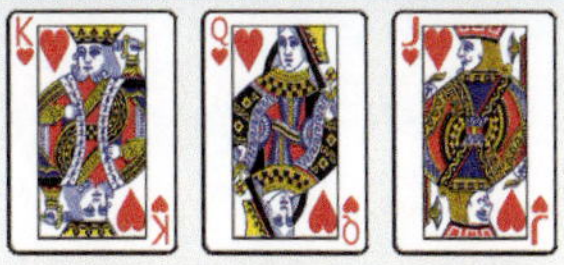
Three of a Kind		3장의 카드 / 같은 숫자	
Straight		3장의 카드 / 순서대로 나열	
Flush		3장의 카드 / 같은 문양	
Pair		2장의 카드 / 같은 숫자	
Ace High		1장의 카드 A(Ace)	
King High		1장의 카드 K(King)	
Queen High	낮음	1장의 카드 Q(Queen)	

※ 포커게임: 스트레이트(Straight) 〈 플러시(Flush)
쓰리 카드 포커: 스트레이트(Straight) 〉 플러시(Flush)

2. 게임 방법

① 플레이어는 Ante Bet, Pair Plus Bet에 일정 금액을 베팅한다. Ante Bet 베팅은 게임에 참여하기 위한 의무베팅이며, Pair Plus Bet 베팅은 플레이어의 선택사항이다.

② 딜러는 플레이어에게 각각 3장의 카드를 배분하고, 딜러 역시 3장의 카드를 받은 후 페이스 다운 상태로 놓는다.

③ 플레이어는 자신에게 배분된 카드를 확인 후, 게임 지속 여부를 결정한다.

④ 플레이어가 게임을 계속하기를 원한다면 Play 베팅구역에 3장의 카드를 페이스 다운으로 놓고 Ante에 베팅된 칩스 금액과 동일한 금액의 칩스를 카드 위에 올려놓는다. 게임을 계속하기 원하지 않는다면 카드를 페이스 다운으로 테이블에 내려놓고 딜러에게 게임 포기 의사(Fold)를 알린다.

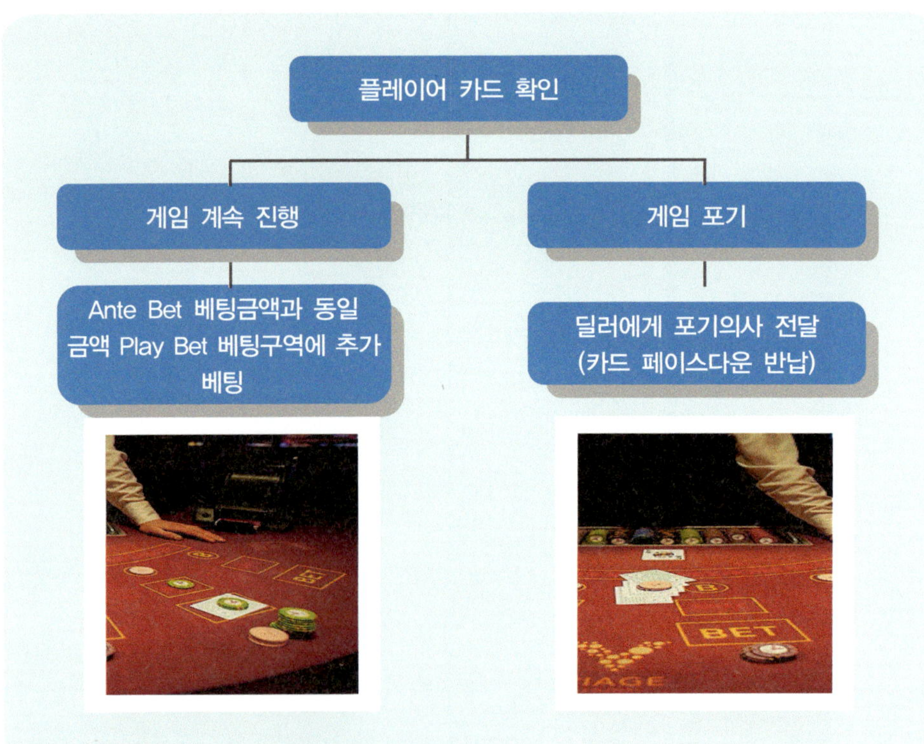

⑤ Play Bet 베팅이 끝나면 딜러는 게임포기(Fold)한 핸드의 카드와 칩스를 정리한 후 딜러 카드를 오픈한다. 딜러의 카드를 오픈한 후 딜러 카드가 Non-Qualify인 경우, 플레이어 핸드의 Play 베팅구역에 베팅된 칩스는 다시 고객에게 반납하고 Ante Bet 및 Ante Bet Bonus를 페이한다. 딜러가 Queen High 이상의 조합이 나왔을 때만 플레이어 카드의 조합과 겨루어 높은 조합을 가진 쪽이 승리하게 된다.

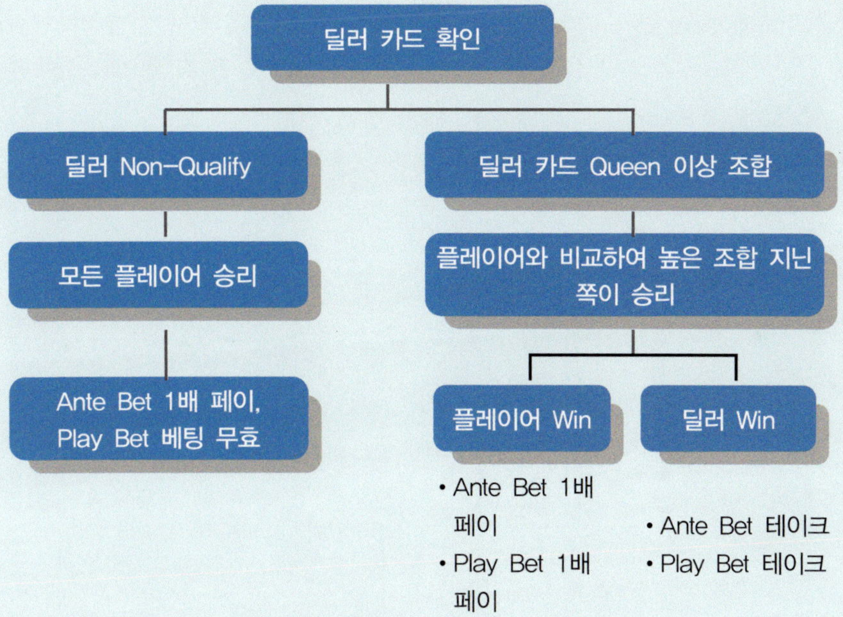

※ Ante Bet Bonus, Pair Plus는 게임의 승패와 관계없이 당첨된 경우 페이

예1

딜러(Non-Qualify) VS 플레이어(플러시)

– 딜러 카드 :  (Non-Qualify)

– 플레이어 카드 :  (플러시)

→ 딜러가 Non-Qualify이기 때문에 딜러는 지게 되며, 모든 핸드의 Ante Bet 베팅에 1배 페이해야 한다. 하지만 Play Bet 베팅은 무효가 되어 페이받지 못한다. 딜러 카드가 플러시가 나왔기 때문에 플레이어가 Pair Plus에 베팅했다면 베팅금액의 4배를 페이받는다.

예2

딜러(원페어) VS 플레이어(쓰리오브카인드)

– 딜러 카드 :  (원페어)

– 플레이어 카드 : 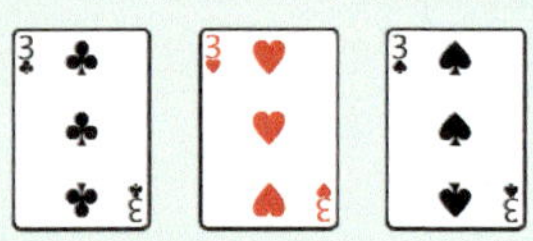 (쓰리오브카인드)

→ 딜러 카드가 원페어가 나왔기 때문에 플레이어 카드와 겨뤄 더 높은 쪽이 승리하게 된다. 쓰리오브카인드가 원페어보다 더 높은 조합이기 때문에 플레이어가 승리한다. 플레이어는 Ante Bet 베팅금액의 1배를 페이받고 Play Bet 베팅금액의 1배를 페이받는다. 그리고 배당금 규정에 따라 Ante Bet Bonus로 Ante Bet 베팅금액의 4배를 페이받게 된다. 쓰리오브카인드가 나왔기 때문에 플레이어가 Pair Plus에 베팅했다면 베팅금액의 30배를 페이받는다.

예3

딜러(스트레이트플러시) VS 플레이어(스트레이트)

– 딜러 카드 :  (스트레이트플러시)

– 플레이어 카드 :  (스트레이트)

→ 딜러의 카드가 스트레이트 플러시가 나왔기 때문에 플레이어 카드와 겨뤄 더 높은 쪽이 승리하게 된다. 스트레이트플러시가 스트레이트보다 더 높은 조합이기 때문에 딜러가 승리한다. 플레이어는 Ante Bet과 Play Bet 베팅금액을 모두 잃게 된다. 그리고 배당금 규정에 따라 승패와 상관없이 Ante bet Bonus로 Ante 베팅금액의 1배를 페이받는다. 스트레이트가 나왔기 때문에 플레이어가 Pair Plus에 베팅했다면 베팅금액의 6배를 받게 된다.

제7절 별도 베팅구역(Side Bet)

1. Pair Plus

① 쓰리 카드 포커게임 베팅구역 중 페어플러스벳은 게임 승패와 관계없는 별도 베팅구역이다. 게임 시작 전 페어플러스 베팅구역에 칩스를 베팅하고 플레이어 카드가 특정 조합이 나오면 정해진 배당금이 지급된다. 조합이 나오지 않았을 경우 칩스는 테이크된다.

② 페어플러스벳 배당

핸드 순위	Pair Plus Bet 배당률
Pair	1배
Flush	4배
Straight	6배
Three of a Kind	30배
Straight Flush	40배

2. 누적식 잭팟 시스템

① 쓰리 카드 포커는 잭팟 시스템을 설치하여 운영할 수 있다. 테이블에 프로그레시브 잭팟에 베팅할 수 있는 베팅구역이 따로 설치되어 있는데 국내 대다수의 카지노는 잭팟 베팅금액을 천원으로 설정하여 운영하고 있다. 게임 시작 전 잭팟 베팅구역에 베팅한 후 게임 도중 플레이어 카드가 쓰리 오브 카인드 이상의 조합을 가졌을 때 게임의 승패와 관계없이 정해진 배당률에 의해 잭팟 금액을 페이받는다.

② 프로그레시브 잭팟 배당금액

핸드 순위	Progressive Jackpot 배당비율
A, K, Q(♠)	누적 잭팟금액의 100%
A, K, Q(♦, ♣, ♥)	₩500,000
Straight Flush	₩100,000
Three of a Kind	₩50,000

③ 프로그레시브 잭팟 레이아웃 및 잭팟 누적금액표

프로그레시브 잭팟 레이아웃	잭팟 누적금액표

CHAPTER 10

렛 잇 라이드
Let It Ride

Chapter

10 렛 잇 라이드Let It Ride

제1절 게임 개요

1. 정의

렛 잇 라이드(Let It Ride) 게임은 포커게임을 변형하여 만든 게임으로 카드 52장 1덱을 사용한다. 대부분 포커를 기반으로 하는 게임들은 카드 조합을 이용하여 더 높은 조합을 가지고 있는 쪽이 승리하는 형태이지만 렛 잇 라이드 게임은 조합 간의 대결 없이 오직 플레이어 카드조합 결과에 따라 승패가 결정되는 게임이다. 플레이어는 3장의 카드를 받아 직접 확인하고 커뮤니티 카드 2장과 조합을 통해 5장의 카드 조합이 10 원페어 이상이 나오면 승리하고 10 원페어 미만의 조합이 나오면 패하게 된다. 게임의 또 다른 특징은 게임이 진행될수록 베팅을 회수할 수 있다는 점이다. 대부분 게임들은 게임을 진행할수록 추가베팅을 하는 방식이 많지만 렛 잇 라이드는 최초 시작할 때 3곳의 베팅구역에 베팅해야 하며 게임이 시작되고 자신의 카드가 좋지 않을 때 1~2곳의 베팅구역 칩스 회수를 할 수 있다.

2. 유래

렛 잇 라이드 게임이 탄생하게 된 배경은 게임 기구 제조 회사 Shuffle Master 사장 John Breeding이 카드 셔플기기를 판매하기 위해 전략적으로 개발해낸 게임이다. 지금도 Shuffle Master사에서 게임의 라이센스를 소유하고 있다. 국내는 아직 렛 잇 라이드 게임이 도입되지 않았지만 미주지역 대다수의 카지노에서는 흔히 볼 수 있는 게임이다.

제2절 테이블 레이아웃

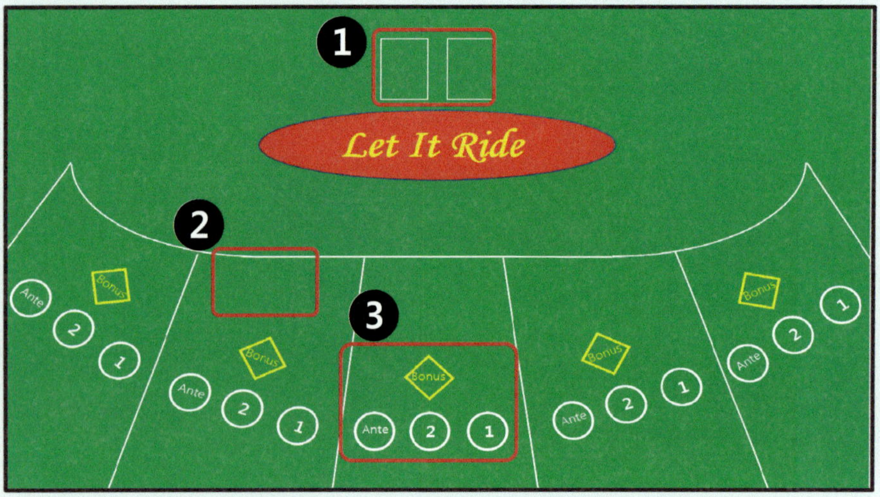

① 커뮤니티 카드 놓는 구역 ② 플레이어 카드 놓는 구역
③ Ante, 2, 1, Bonus 베팅구역

제3절 렛 잇 라이드 카드 순위

카드숫자	A, K, Q, J, 10, 9, 8, 7, 6, 5, 4, 3, 2, A
가치	높음 ◀━━━━━━━━━━▶ 낮음

NOTE

- 렛 잇 라이드에서 카드의 가치는 문양과는 관계없이 카드 숫자에 따라 결정된다. A가 가장 높은 숫자이고, 2가 가장 낮은 숫자이다.
  ※ 3, 2, A, K, Q 는 스트레이트(×)

제4절 게임 진행 순서

제5절 배당

1. 테이크(Take)

카드 조합이 10 원페어보다 낮으면 Ante, 1, 2 테이크

2. 페이(Pay)

카드 조합이 9 원페어보다 높으면 Ante, 1, 2 에 각각 배당에 따라 페이

핸드 순위	배당률
Royal Straight Flush	1000배
Straight Flush	200배
Four of a Kind	50배
Full House	11배
Flush	8배
Straight	5배
Three of a Kind	3배
Two Pairs	2배
One Pair(10, J, Q, K, A)	1배

제6절 게임 규칙

1. 렛 잇 라이드 게임의 조합 순위

조합	순위	설명	예시
Royal Straight Flush	높음	5장의 카드 / 같은 문양을 가지고 A부터 순서대로 나열	
Straight Flush		5장의 카드 / 같은 문양을 가지고 순서대로 나열	
Four of a Kind		4장의 카드 / 같은 숫자	
Full House		3장의 카드 / 같은 숫자와 2장의 카드 / 같은 숫자	
Flush		5장의 카드 / 같은 문양	
Straight		5장의 카드 순서대로 나열	
Three of a Kind		3장의 카드 / 같은 숫자	
Two Pair		2장의 카드 / 같은 숫자 2개	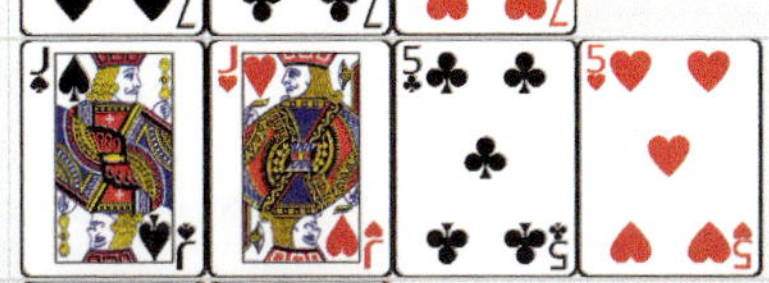
One Pair (10, J, Q, K, A)	낮음	2장의 카드 / 같은 숫자 (10, J, Q, K, A)	

※ 10 원페어보다 낮은 가치의 페어는 조합으로 인정되지 않는다.

2. 게임 방법

① 게임 시작 전 플레이어는 Ante, 1, 2 총 3개의 베팅구역에 각각 동일한 금액을 베팅해야 한다. Bonus Bet은 당첨되면 그에 해당하는 정해진 배당금을 받는 별도베팅구역으로 의무베팅이 아니다.

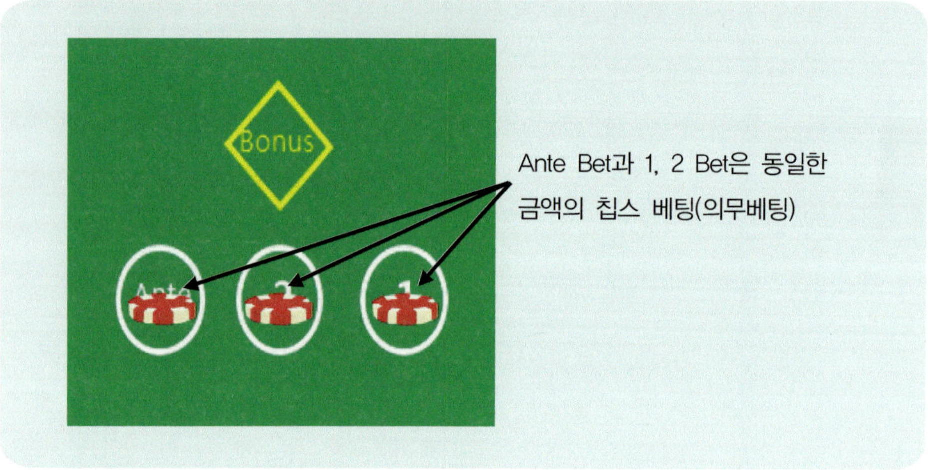

② 딜러는 플레이어에게 각각 3장의 카드를 배분하고 테이블 중앙에 2장의 커뮤니티 카드를 페이스 다운으로 놓는다.

③ 플레이어는 자신에게 배분된 카드를 확인 후 Let It Ride하거나 3개 베팅구역 중 1개의 베팅을 회수할 수 있다. Let It Ride는 나에게 주어진 3장의 카드만 확인한 상태로 총 3개의 베팅(Ante, 1, 2) 모두 승부를 보겠다는 의미이고 베팅 회수는 나에게 주어진 3장의 카드만 봤을 때 이길 수 있을지 확실하지 않으니 베팅구역 1개의 칩스를 회수하고 커뮤니티 카드 1장을 보겠다는 의미이다.

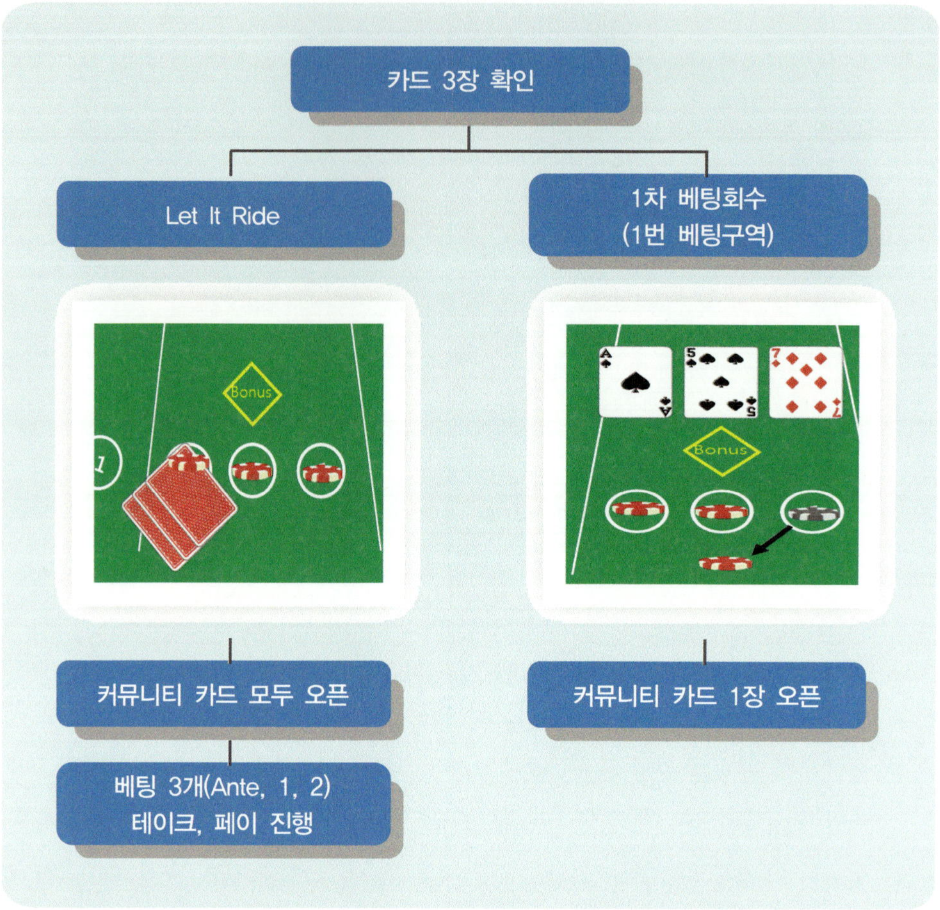

④ 1차 베팅회수를 결정하게 되면 커뮤니티 카드 1장이 오픈되어, 플레이어는 총 5장의 카드 중 4장을 확인한 상황이 된다. 이때 플레이어는 Let It Ride하거나 2차 베팅회수를 할 수 있다.

⑤ Let It Ride 선택하게 되면 총 4장의 카드를 확인한 상태로 총 2개의 베팅(Ante, 2)에 대해 승부를 보겠다는 의미이고 2차 베팅회수를 결정하게 되면 총 4장의 카드를 확인하고도 이길 수 있을지 확신할 수 없으니 1개의 베팅구역 칩스를 회수하고 Ante Bet만으로 승부를 보겠다는 의미이다. Let It Ride 또는 베팅 회수 둘 중 어떤 결정을 하든 게임은 끝나게 되는데 차이점은 Let It Ride의 경우는 2개의 베팅이 남아있고, 베팅회수의 경우는 Ante Bet 1개의 베팅구역만 남

아있는 상태가 된다.

⑥ 카드를 모두 오픈하여 10 원페어 이상의 조합이면 지금까지 베팅회수하지 않고 남아 있는 모든 칩스는 조합에 해당하는 배당금을 받게 되고 9 원페어 이하의 조합이면 베팅금액이 모두 테이크된다.

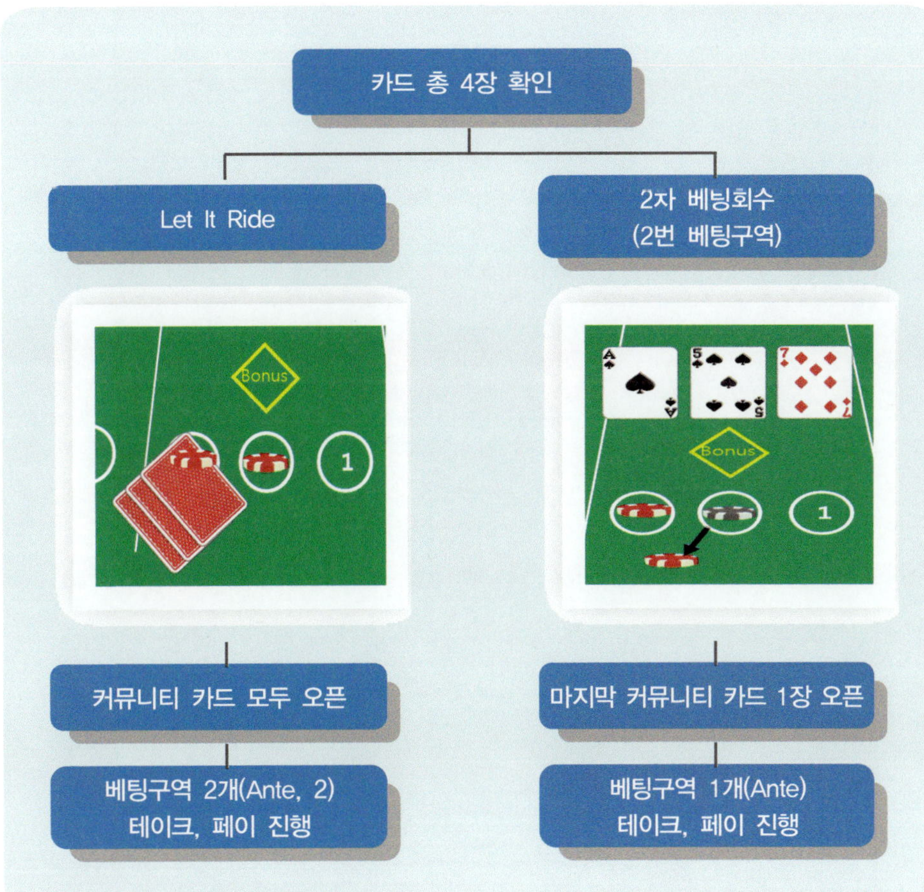

제7절 별도 베팅구역 Side Bet)

1. Bonus

① 렛 잇 라이드 게임 베팅구역 중 Bonus Bet은 게임 승패와 관계없이 진행되는 별도 베팅구역이다. 게임 시작 전 Bonus 베팅구역에 $1를 베팅하여 플레이어 카드가 특정 조합을 가졌을 때 정해진 배당률에 의해 배당금이 지급된다. 조합이 나오지 않으면 칩스는 테이크된다.

② 보너스벳 배당

핸드 순위	Bonus Bet 배당금
Royal Straight Flush	$ 20,000
Straight Flush	$ 2,000
Four of a Kind	$ 400
Full House	$ 200
Flush	$ 50
Straight	$ 25
Three of a Kind	$ 5

CHAPTER 11

미시시피 스터드
Mississippi Stud

Chapter

11 미시시피 스터드
Mississippi Stud

제1절 게임 개요

1. 정의

미시시피 스터드(Mississippi Stud) 게임은 포커게임을 기반으로 만든 게임이다. 렛 잇 라이드 게임과 같은 조합 간의 대결 없이 오직 플레이어 카드조합 결과에 따라 승패가 결정되는 게임이며 카드 1덱(52장)을 사용하여 게임이 진행된다. 플레이어는 2장의 카드를 받아 직접 확인하고 테이블 중간에는 3장의 커뮤니티 카드가 페이스 다운으로 놓여진다. 렛 잇 라이드 게임과 비슷하지만 렛 잇 라이드는 게임이 진행될수록 베팅을 점차 회수하는 게임이라면 미시시피 스터드는 게임이 진행될수록 베팅을 늘려간다. 총 3번의 베팅 기회가 있는데 1회에 Ante 베팅금액의 3배까지 베팅이 가능하다. 3번 베팅을 모두 최대로 한다면 총 금액이 Ante 베팅금액의 9배까지 추가 베팅이 가능하다.

2. 유래

미시시피 스터드 게임은 카지노 게임 기구 제조 회사 Shuffle Master사에서 개발되었고 게임의 라이센스를 소유하고 있다. 우리나라에는 아직 미시시피 스터드 게임이 도입되지 않았지만 미주지역 카지노에서는 흔히 볼 수 있는 게임이다.

제2절 테이블 레이아웃

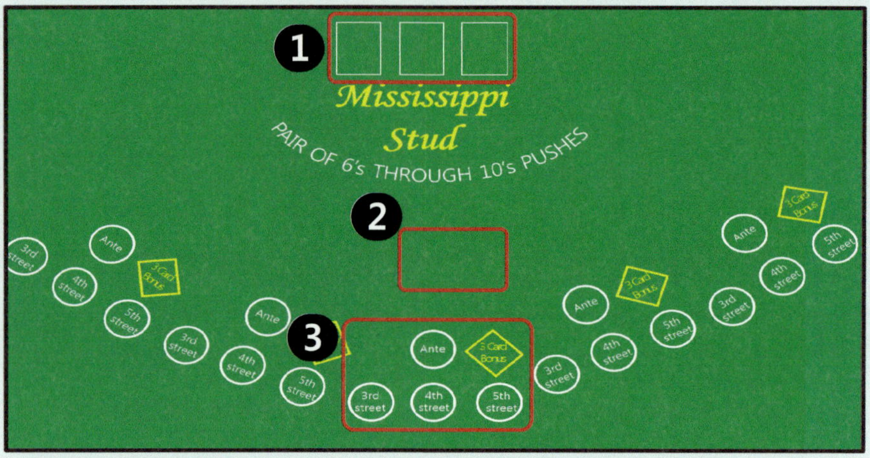

① 커뮤니티 카드 놓는 구역 ② 플레이어 카드 놓는 구역

③ Ante, 3rd, 4th, 5th, 3 Card Bonus 베팅구역

제3절 미시시피 스터드 카드 순위

카드숫자	A, K, Q, J, 10, 9, 8, 7, 6, 5, 4, 3, 2, A
가치	높음 ←→ 낮음

NOTE

- 미시시피 스터드에서 카드의 가치는 문양과는 관계없이 카드 숫자에 따라 결정된다. A가 가장 높은 숫자이고, 2가 가장 낮은 숫자이다.
  ※ 3, 2, A, K, Q는 스트레이트(×)

제4절 게임 진행 순서

제5절 배당

1. 테이크(Take)

조합이 6 원페어보다 낮으면 Ante, 3rd, 4th, 5th Street 테이크

2. 페이(Pay)

카드 조합이 10 원페어보다 높으면 Ante, 3rd, 4th, 5th 배당에 따라 페이

핸드 순위	배당률
Royal Straight Flush	500배
Straight Flush	100배
Four of a Kind	40배
Full House	10배
Flush	6배
Straight	4배
Three of a Kind	3배
Two Pairs	2배
One Pair(J, Q, K, A)	1배
One Pair(6, 7, 8, 9, 10)	Push

제6절 게임 규칙

1. 미시시피 스터드의 당첨조건 및 배당

조합	설명	배당(배)	예시
Royal Straight Flush	5장의 카드 / 같은 문양을 가지고 A부터 순서대로 나열	500배	
Straight Flush	5장의 카드 / 같은 문양을 가지고 순서대로 나열	100배	
Four of a Kind	4장의 카드 / 같은 숫자	40배	
Full House	3장의 카드 / 같은 숫자와 2장의 카드 / 같은 숫자	10배	
Flush	5장의 카드 / 같은 문양	6배	
Straight	5장의 카드 순서대로 나열	4배	
Three of a Kind	3장의 카드 / 같은 숫자	3배	
Two Pair	2장의 카드 / 같은 숫자 2개	2배	
One Pair (J, Q, K, A)	2장의 카드 / 같은 숫자 (J, Q, K, A)	1배	
One Pair (6, 7, 8, 9, 10)	2장의 카드 / 같은 숫자 (6, 7, 8, 9, 10)	Push	

※ 6 원페어보다 낮은 가치의 페어는 조합으로 인정되지 않는다.

2. 게임 방법

① 게임 시작 전 플레이어는 Ante Bet에 베팅한다.

② 딜러는 플레이어에게 2장의 카드를 배분하고 테이블 중앙에 3장의 커뮤니티 카드를 페이스 다운으로 놓는다.

③ 플레이어는 자신에게 배분된 카드를 확인 후 추가 베팅을 하거나 게임포기를 할 수 있다. 게임포기는 Ante 베팅금액만 잃고 게임을 끝내는 것이고 추가 베팅은 확인한 2장의 카드가 마음에 들어 본격적으로 베팅을 시작하는 것이다. 추가 베팅할 때에는 Ante 베팅금액의 1배, 2배, 3배의 금액 중 정하여 '3rd Street' 베팅구역에 베팅해야 한다.

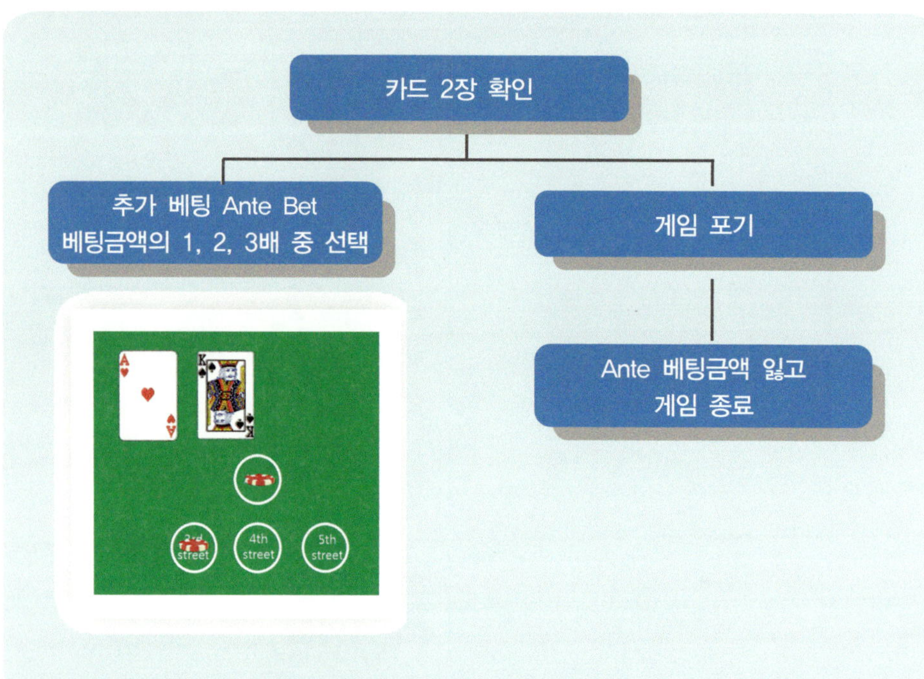

④ 첫 번째 추가베팅이 끝나고 나면 딜러는 커뮤니티 카드를 1장 오픈한다. 이제 플레이어는 총 3장(홀카드 2장 + 커뮤니티카드 1장)의 카드를 확인한 상황에서 두 번째 추가 베팅을 하거나 게임포기를 할 수 있다. 게임포기를 하게 되면 Ante Bet과 3rd Street Bet의 베팅금액을 모두 잃게 된다. 추가베팅 하는 방법은 첫 번째 베팅과 동일하게 Ante 베팅금액의 1배, 2배, 3배의 금액 중 정하여 4th Street Bet 베팅구역에 베팅한다.

⑤ 두 번째 추가베팅이 끝나고 나면 딜러는 다음 커뮤니티 카드를 1장 오픈한다. 이제 플레이어는 총 4장의 카드를 확인한 상황에서 마지막 추가 베팅을 하거나 게임포기를 할 수 있다. 게임포기를 하게 되면 Ante, 3rd Street, 4rd Street의 베팅금액을 모두 잃게 된다. 추가베팅 하는 방법은 첫 번째 베팅과 동일하게 Ante 베팅금액의 1배, 2배, 3배의 금액 중 정하여 5th Street 베팅구역에 베팅한다.

⑥ 세 번째 추가베팅이 끝나면 딜러는 마지막 커뮤니티 카드 1장을 오픈한다. 플레이어 카드 2장과 커뮤니티 카드 3장으로 조합을 만들어 숫자 5 원페어 이하의 조합은 베팅된 칩스를 모두 테이크하고 J 원페어 이상의 조합은 4곳의 베팅구역에 베팅된 칩스 모두 배당률에 따라 페이한다.

3. 게임 진행 예시

ⅰ. 최초 2장의 플레이어 카드 K 원페어

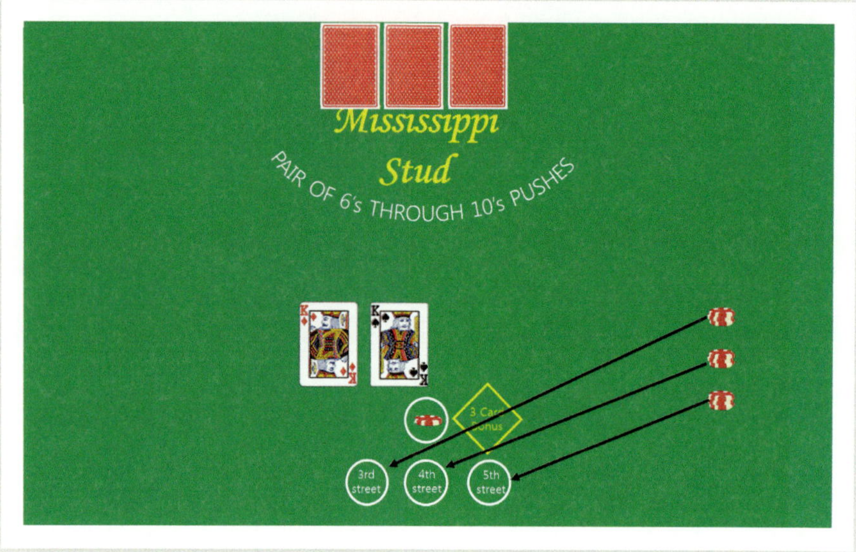

플레이어 카드 2장이 K 원페어. 커뮤니티 카드 3장의 카드에 따라 더 높은 조합이 될 수도 있지만 이미 K 원페어로 승리는 확정된 상태이기 때문에 커뮤니티 카드 관계없이 각 추가베팅 기회에 최대 베팅금액인 Ante 베팅금액의 3배를 각각 베팅한다.

ⅱ. 최초 2장의 플레이어 카드는 K, 7

플레이어 카드 2장이 K, 7이다 커뮤니티 카드 3장 중에서 K가 나오면 1배 페이에 당첨될 수 있고 7이 나오면 비기게 된다. 아직 당첨될 가능성이 있기 때문에 3rd Street 베팅구역에 Ante 베팅금액의 1배 베팅한다.

⇩

커뮤니티 카드 1장 오픈결과 숫자 7이 나왔다. 7원페어로 최소 비김(Push)은 확보되었다. 이제 걱정 없이 4th, 5th에 최대 베팅금액인 Ante 베팅금액의 3배를 각각 베팅한다.

iii. 최초 2장의 플레이어 카드는 숫자 5, 2

플레이어 카드 2장이 숫자 5, 2이다. 커뮤니티 카드 3장 중 5 또는 2가 나와 페어가 될지라도 6 원페어보다 낮은 원페어이기 때문에 게임에서 패하게 된다. 물론 커뮤니티 카드에서 숫자 5가 두 장이 나오거나 2가 두 장이 나와 쓰리 오브 카인드가 될 수도 있지만 확률은 아주 낮다. 그래서 게임을 포기하고 Ante 베팅금액을 잃는 것을 선택한다.

제7절 별도 베팅구역(Side Bet)

1. 3 Card Bonus

① 미시시피 스터드 게임은 베팅구역 중 3 Card Bonus Bet은 게임 승패와 관계없는 별도 베팅구역이다. 게임 시작 전 3 Card Bonus 베팅구역에 칩스를 베팅하여 커뮤니티 카드가 특정 조합을 가졌을 때 정해진 배당률에 의해 배당금이 지급된다. 조합이 나오지 않으면 칩스는 테이크된다.

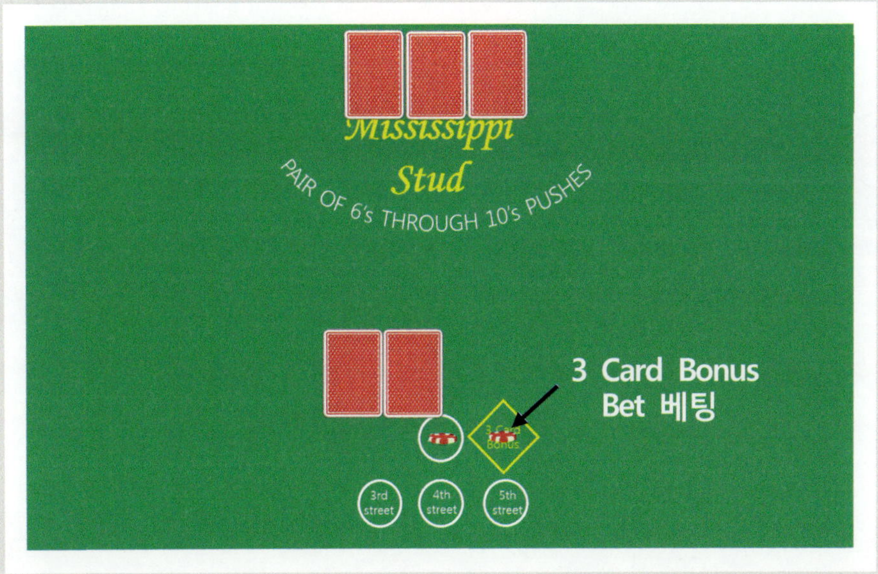

② 3카드보너스벳 배당

핸드 순위	3 Card Bonus Bet 배당률
Straight Flush	40배
Three of a Kind	30배
Straight	6배
Flush	3배
Pair	1배

CHAPTER 12

빠이가우 포커 Pai-Gow Poker

Chapter

12 빠이가우 포커Pai-Gow Poker

제1절 게임 개요

1. 정의

빠이가우 포커게임은 카드 1덱(53장)을 사용하는 게임이다. 특이한 점은 대부분의 카드 게임에서 조커 카드는 사용하지 않지만 빠이가우 포커에서는 조커 1장을 사용하여 총 53장의 카드로 게임을 진행하게 된다. 딜러와 플레이어는 각각 7장의 카드를 받게 되는데 플레이어는 카드를 확인하고 2장과 5장으로 나누어 2개의 조합을 만들어 구분하여 놓는다. 딜러 또한 카드 2장과 5장을 나눈 뒤 플레이어와 딜러의 승패를 가리게 되는데 카드 2장 조합 따로 우열을 가리고, 카드 5장 조합 따로 우열을 가린다. 양쪽 조합 모두 높으면 이기고 둘 중 한쪽만 높으면 비기게 되며 양쪽 모두 낮으면 지게 된다. 비기는 상황이 자주 발생하는 게임이기 때문에 지루할 수도 있지만 빠이가우 포커게임은 당첨금액이 매우 높은 사이드 베팅구역이 있어 당첨을 기대하며 느긋하게 게임을 즐기는 플레이어는 선호하는 게임이다. 카드 조합을 어떻게 만들어 놓는지에 따라 승패가 바뀌는 점 또한 이 게임의 특징이라 할 수 있다.

2. 유래

빠이가우 포커게임은 1985년에 미국에서 Sam Torosian에 의해 만들어졌다. 도미

노를 이용하는 중국 고전게임인 빠이가우 게임에 미국인들이 익숙한 카드게임인 포커게임을 결합한 게임이다. 현재는 미국뿐만 아니라 아시아권 카지노에서도 빠이가우 포커게임을 쉽게 찾아 볼 수 있다.

제2절 테이블 레이아웃

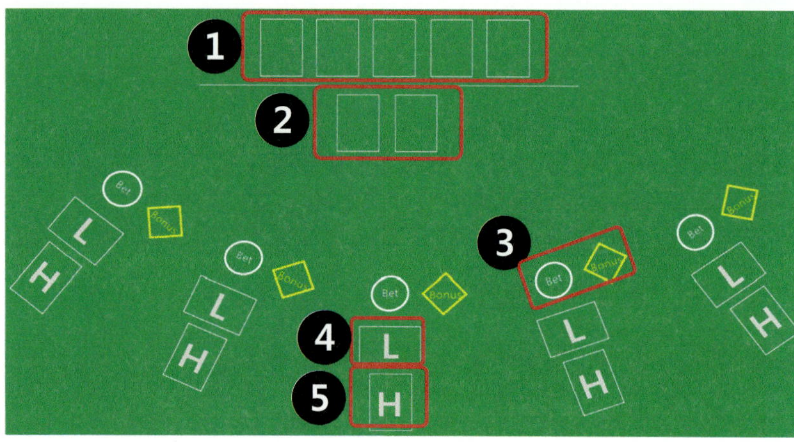

① 딜러 High 카드 놓는 구역　② 딜러 Low 카드 놓는 구역
③ 칩스 베팅구역　④ 플레이어 High 카드 놓는 구역
⑤ 플레이어 Low 카드 놓는 구역

제3절 빠이가우 포커 카드 순위

카드숫자	Joker=A, K, Q, J, 10, 9, 8, 7, 6, 5, 4, 3, 2, A
가치	높음 ◀━━━━━━▶ 낮음

NOTE

- 빠이가우 포커에서 카드의 가치는 문양과는 관계없이 카드 숫자에 따라 결정된다. A가 가장 높은 숫자이고, 2가 가장 낮은 숫자이다. A, K, Q, J. 10 이 5, 4, 3, 2, A보다 더 높은 스트레이트이다.
  ※ 3, 2, A, K, Q ≠ 스트레이트
- 동등한 순위의 조합이 나오면 조합의 숫자가 더 높은 조합을 가진 쪽이 승리하게 되며, 조합의 숫자마저 같다면 조합 이외의 카드 중 더 높은 카드를 가진 쪽이 승리하게 된다

ex) ① 5, 5, K, 9, 8 VS ② 5, 5, 8, 6, 4
→ 5 원페어는 같지만 다음 비교 숫자인 K가 8보다 더 높기 때문에 ① 승리

NOTE

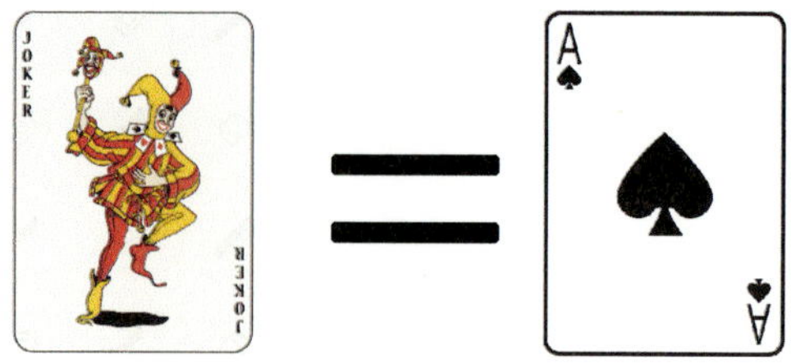

- 빠이가우 포커게임은 조커 카드 1장 포함한 53장을 1덱으로 사용
- 조커 카드의 가치는 Ace와 같음
- 스트레이트, 플러시, 스트레이트 플러시 조합에서 조커 카드는 A가 아닌 와일드 카드로 사용

ex)

	조커 카드가 숫자 7로 사용 → 스트레이트
	조커 카드가 문양 ♦로 사용 → 플러시
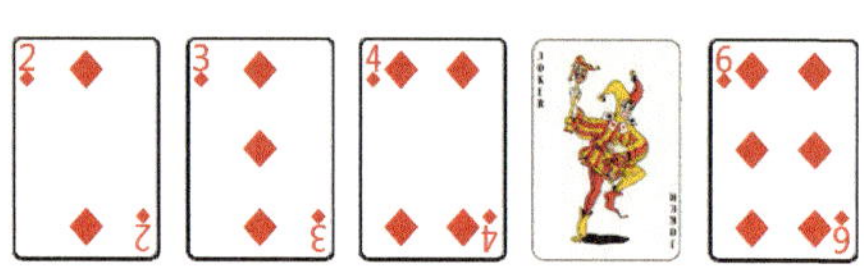	조커 카드가 ♦5로 사용 → 스트레이트 플러시

제4절 게임 진행 순서

제5절 배당

1. 테이크(Take)

ⅰ. 2개 핸드(카드2장, 5장) 모두 딜러 핸드에 지는 경우

ⅱ. 2개 핸드(카드2장, 5장) 모두 딜러 핸드와 비기는 경우

2. 페이(Pay)

2개 핸드(카드2장, 5장) 모두 딜러 핸드에게 이기는 경우 Bet에 1배 페이

3. 무승부(Push)

2개 핸드(카드2장, 5장) 중 딜러 핸드에게 한 개 핸드는 이기고, 한 개 핸드는 지면 푸시(Push)

제6절 게임 규칙

1. 빠이가우 포커의 조합 순위

조합	순위	설명	예시
Royal Straight Flush	높음	5장의 카드 / 같은 문양을 가지고 A부터 순서대로 나열	
Straight Flush		5장의 카드 / 같은 문양을 가지고 순서대로 나열	
Four of a Kind		4장의 카드 / 같은 숫자	
Full House		3장의 카드 / 같은 숫자와 2장의 카드 / 같은 숫자	
Flush		5장의 카드 / 같은 문양	
Straight		5장의 카드 / 순서대로 나열	
Three of a Kind		3장의 카드 / 같은 숫자	
Two Pair		2장의 카드 / 같은 숫자 2개	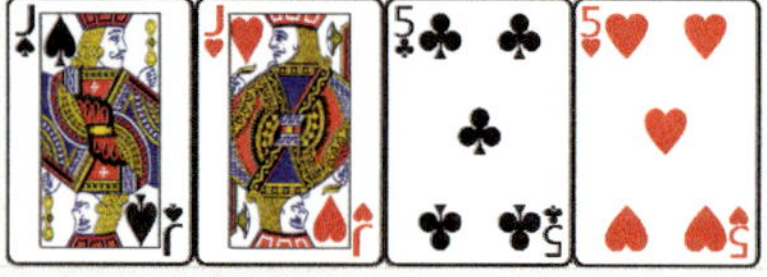
One Pair	낮음	2장의 카드 / 같은 숫자	

2. 게임 방법

① 플레이어는 Bet 베팅구역에 일정금액을 베팅한다.

② 딜러는 플레이어에게 각각 7장의 카드를 페이스 다운으로 배분하고, 딜러 또한 7장의 카드를 페이스 다운으로 받는다.

③ 플레이어는 자신에게 배분된 카드 확인 후 5장의 카드 조합 핸드를 만들고 2장의 카드 조합 핸드를 만들어 카드 놓는 구역에 페이스 다운으로 따로 놓는다. 이때 반드시 카드 5장의 조합이 카드 2장의 조합보다 높은 조합이어야 한다. 5장 카드 조합을 H(High Card)라 하고 2장의 조합을 L(Low Card)이라 한다.

예

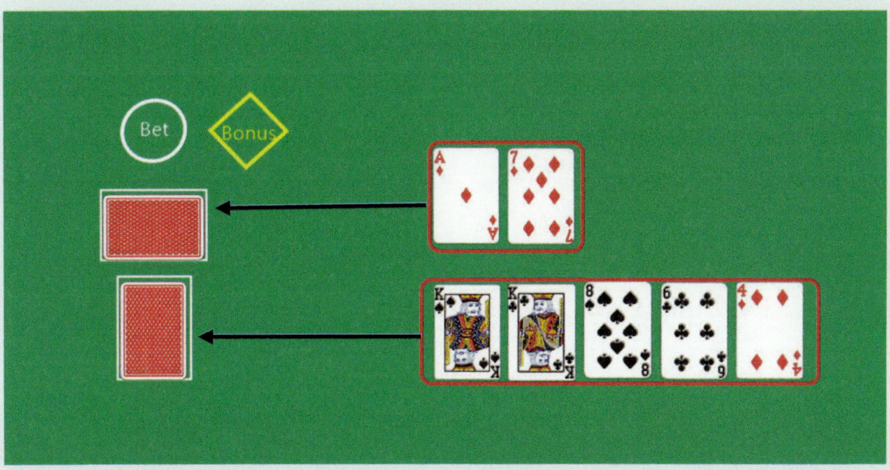

플레이어의 직접 카드 5장과 2장의 조합으로 핸드를 둘로 나누어 카드 놓는 곳에 페이스 다운으로 놓는다.

※ 의무 사항 : 카드 5장의 조합 〉 카드 2장의 조합

④ 플레이어가 카드를 나눠 페이스 다운으로 내려놓으면 딜러는 딜러 카드를 오픈하고 플레이어가 했던 것과 같이 7장의 카드를 5장, 2장으로 나누어 조합을 만들게 된다. 이때 딜러는 플레이어와 달리 정해진 게임 규칙대로 카드를 나누

어야 하는데 이를 하우스웨이(House Way)라 한다. 하우스웨이는 카지노마다 조금씩 상이할 수 있다.

7장의 카드 조합	하우스웨이(5장 핸드 = H / 2장 핸드 = L)
No Pair	– 가장 높은 숫자 카드를 H 쪽에 포함하고 두 번째, 세 번째 카드는 L 쪽에 포함
One Pair	– 원페어 카드를 H 쪽에 포함하고 그 다음으로 높은 숫자 카드 2장을 L 쪽에 포함
Two Pair	– 두 개의 페어 카드를 H 쪽에 포함하는 것이 원칙 – 특정 상황에서는 페어를 분리함 • 2개의 페어 모두 숫자 7이상 페어면 페어 분리 • 페어 1개가 J 페어 이상이고 Ace가 없는 경우 • 페어 1개가 A 페어면 페어 분리
Three Pair	– 가장 높은 숫자 페어를 L 쪽에 포함
Three of a Kind	– 쓰리오브어카인드 카드를 H 쪽에 포함 ※ Ace 3장의 경우 Ace 페어를 H 쪽에 포함하고 Ace 1장을 L 쪽에 포함
Full House	– 쓰리오브어카인드 카드를 H 쪽에 포함하고 페어를 L 쪽에 포함
2개의 Three of a Kind	– 높은 숫자 페어를 L 쪽에 포함
Straight, Flush, Straight Flush	– 스트레이트, 플러시, 스트레이트 플러시의 조합을 H 쪽에 포함하는 것이 기본이지만 특정상황에서 조합을 분리 • 2개의 페어 중 하나가 Ace 페어 • J 이상의 페어와 6 이상의 페어 • A 페어와 또다른 페어 – 6장이나 7장의 스트레이트나 플러시가 있는 경우 가장 높은 숫자를 L 쪽에 포함 – 스트레이트와 플러시 조합을 모두 가진 경우는 L 쪽에 J 이상의 카드를 포함
Four of a Kind	– A, K, Q, J 포오브어카인드의 경우 페어 2개로 분리 – 10, 9, 8, 7 포오브어카인드의 경우 K 이상의 카드가 있는 경우 페어로 분리하지 않고, 그렇지 않은 경우 페어 2개로 분리 – 6 이하의 포오브어카인드의 경우 분리하지 않음 ※ 조커 포함한 5개 Ace의 경우 K 페어를 가지고 있지 않다면 Ace 3장을 H 쪽에 포함하고, 2장을 L 쪽에 포함

⑤ 딜러 카드가 오픈되고 카드 분리가 끝나면 이제 딜러와 플레이어 중 승자를 정하게 된다. 딜러의 5장 쪽 카드와 플레이어 5장 쪽의 카드, 딜러 2장 쪽 카드와 플레이어 2장 쪽 카드 각각 따로 승부를 낸다. 두 핸드 모두 이기면 승리하고, 하나의 핸드만 이기면 비기게 되고, 두 핸드 모두 지면 패하게 된다. 만약 두 핸드 모두 비기면 딜러가 승리한다.

플레이어 카드 5장 핸드	플레이어 카드 2장 핸드	최종 결과
승	승	승
승	패	무
패	승	무
패	패	패
무	무	패

3. 카드 분리 예시

예

딜러 카드 분리

딜러 카드

딜러 카드 분리 결과

H

L

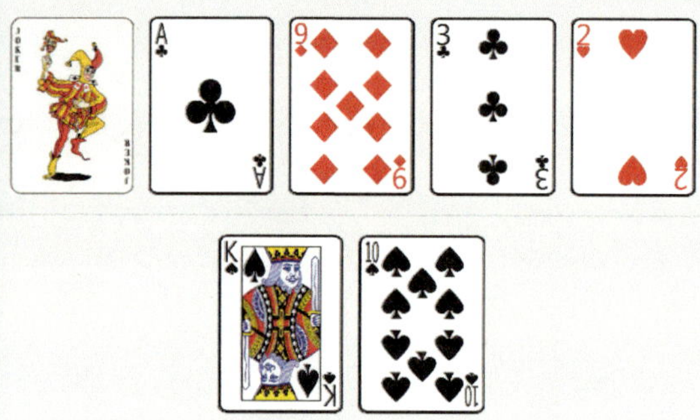

딜러 카드는 하우스 웨이에 의해 정해진 방식으로 카드를 분리한다.

플레이어 카드 분리

플레이어 카드

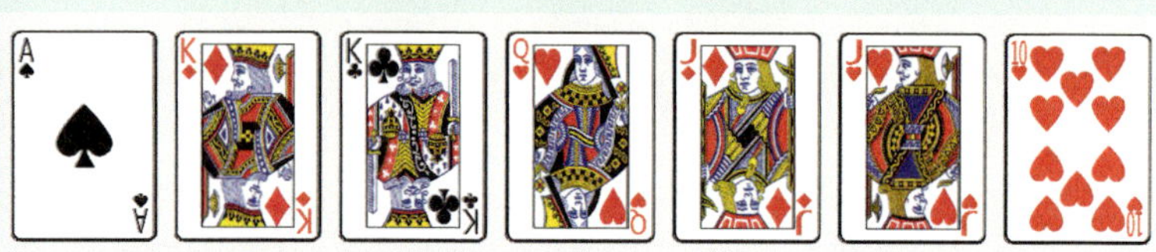

1안

플레이어 카드 조합			
	H		K 투페어
	L		

2안

플레이어 카드 조합			
	H	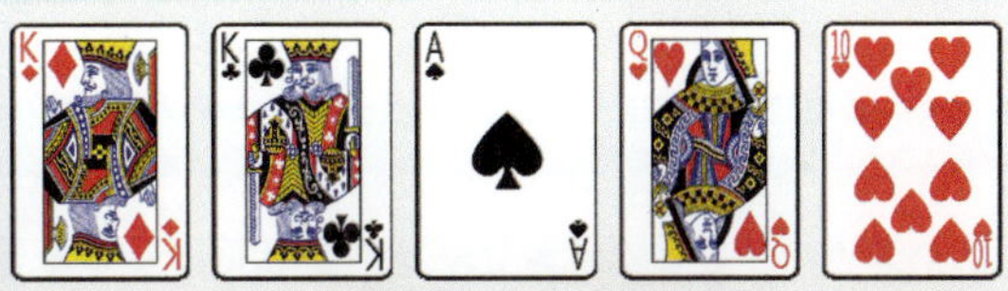	K 원페어
	L	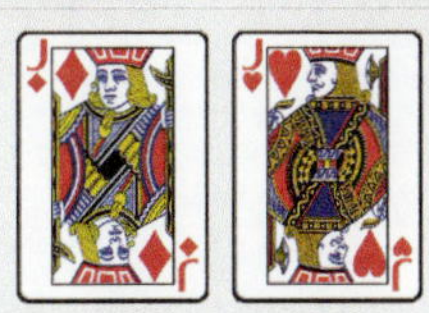	J 원페어

플레이어 카드는 플레이어가 직접 판단하여 카드를 분리한다. 위 예의 경우 카드를 나누는 두 가지 방법이 있다.

i. 투페어를 H에 포함시키고 A카드를 L에 포함(투페어, 하이카드)

ii. 투페어를 나누어 H, L 각각 원페어 조합을 나눠 포함(원페어, 원페어)

→ 첫 번째 방법으로 분리했을 때 H, L 모두 딜러조합보다 높아 Win

→ 두 번째 방법으로 분리했을 때 딜러 카드보다 H는 낮고, L은 높아 푸시(Push)

제7절 별도 베팅 규칙(Side Bet)

1. Bonus

① 빠이가우 포커게임은 다른게임에 비해 비기는 횟수가 많은 게임이다. 지루할 수도 있지만 대신 배당률이 굉장히 높은 잭팟 베팅구역이 있다. 게임 시작 전 베팅하고 스트레이트 이상의 조합이 나오면 정해진 배당률에 따라 페이받는다.

② 보너스벳 당첨조건 및 배당

조합	설명	배당(배)	예시
Seven Card Straight Flush	7장의 카드 / 같은 문양을 가지고 순서대로 나열	5000	
Royal Match	로얄 스트레이트 플러시와 같은 문양 K, Q	2000	
Seven Card Straight Flush with a Joker	조커가 포함된 7장의 스트레이트 플러시	1000	
Five Aces	Ace 카드 4장과 조커	400	
Royal Straight Flush	5장의 카드 / 같은 문양을 가지고 A부터 순서대로 나열	150	

조합	설명	배당(배)	예시
Straight Flush	5장의 카드 / 같은 문양을 가지고 순서대로 나열	50	
Four of a Kind	4장의 카드 / 같은 숫자	25	
Full House	3장의 카드 / 같은 숫자와 2장의 카드 / 같은 숫자	5	
Flush	5장의 카드 / 같은 문양	4	
Three of a Kind	3장의 카드 / 같은 숫자	3	
Straight	5장의 카드 순서대로 나열	2	

2. 누적식 잭팟 시스템(Progressive Jackpot)

① 빠이가우 포커 테이블에서는 잭팟 시스템을 설치하여 운영할 수 있다. 테이블 레이아웃에 프로그레시브 잭팟에 베팅할 수 있는 구역이 따로 설치되어 있는데 게임 시작 전 이곳에 베팅하여 게임 플레이 도중 플러시 이상의 조합을 가졌을 때 게임의 승패와 관계없이 정해진 배당률에 의해 잭팟 금액을 페이받는다.

② 프로그레시브 잭팟 배당금액

핸드 순위	Progressive Jackpot 배당금액
Seven Card Straight Flush	누적 잭팟금액의 100%
Five Aces	누적 잭팟금액의 10%
Royal Straight Flush	$ 500
Straight Flush	$ 100
Four of a Kind	$ 75
Full House	$ 4

※ 잭팟 당첨 금액은 카지노마다 상이할 수 있음

CHAPTER 13

크레이지 포 포커 Crazy 4 Poker

Chapter

13 크레이지 포 포커Crazy 4 Poker

제1절 게임 개요

1. 정의

크레이지 포 포커(Crazy 4 Poker)는 카드 1덱(52장)을 사용하며 5장의 카드를 플레이어와 딜러에게 각각 배분하고 그중 1장을 제외한 4장의 카드의 정해진 조합 순위에 따라 하우스와 플레이어가 우열을 겨루어 더 높은 조합을 가진 측이 승리하게 되는 게임이다. 각 플레이어와 하우스가 1:1 대결을 펼치는 게임이며 별도 베팅구역(Side Bet)을 통해 특정 조합이 나오면 큰 금액을 받을 수 있는 재미도 있다.

2. 유래

크레이지 포 포커게임은 카지노 게임 기구 제조 회사 Shuffle Master 소속의 게임 발명가인 Roger Snow에 의해 개발된 게임이며 Shuffle Master에서 게임의 라이센스를 소유하고 있다. 기존 쓰리 카드 포커(Three Card Poker) 게임을 변형시켜 개발되었지만 실제 이 게임은 쓰리 카드 포커게임보다 포카드 포커(Four Card Poker)게임과 매우 흡사한데 특히 핸드순위, 베팅금액, 사이드 베팅 당첨조건이 비슷하지만 당첨조건과 배당금을 다르게 설정했다. 이제 미주지역에서는 포카드 포커 테이블이 없는 카지노는 있어도 크레이지 포 포커 테이블이 없는 카지노는 찾아보기 힘들 정도로 보편화 된 게임이 되었다.

제2절 테이블 레이아웃

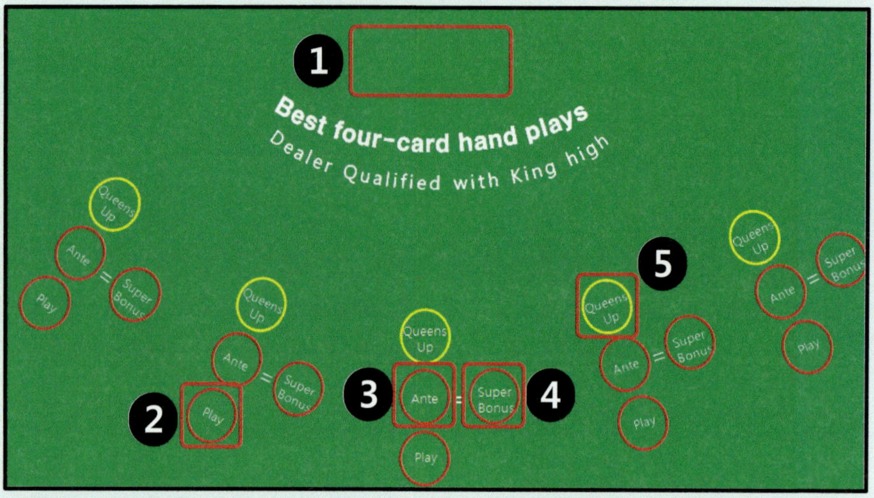

① 딜러 카드 놓는 구역
② Play 베팅구역
③ Ante 베팅구역
④ Super Bonus 베팅구역
⑤ Queens Up 베팅구역

제3절 크레이지 포 포커 카드 순위

카드숫자	A, K, Q, J, 10, 9, 8, 7, 6, 5, 4, 3, 2, A
가치	높음 ⟷ 낮음

NOTE

- 크레이지 포 포커에서 카드의 가치는 문양과는 관계없이 카드 숫자에 따라 결정된다. A가 가장 높은 숫자이고, 2가 가장 낮은 숫자이다. Q, J. 10, 9가 4, 3, 2, A보다 더 높은 스트레이트이다.
  ※ 2, A, K, Q 는 스트레이트 불인정
- 동등한 순위의 조합이 나오면 조합의 숫자가 더 높은 조합을 가진 쪽이 승리하게 되며, 조합의 숫자마저 같다면 조합 이외의 카드 중 더 높은 카드를 가진 쪽이 승리하게 된다.
  ex) ① 5, 5, K, 3 VS ② 5, 5, 8, 7
  → 5 원페어는 같지만 다음 비교 숫자인 K가 8보다 더 높기 때문에 ① 승리

제4절 게임 진행 순서

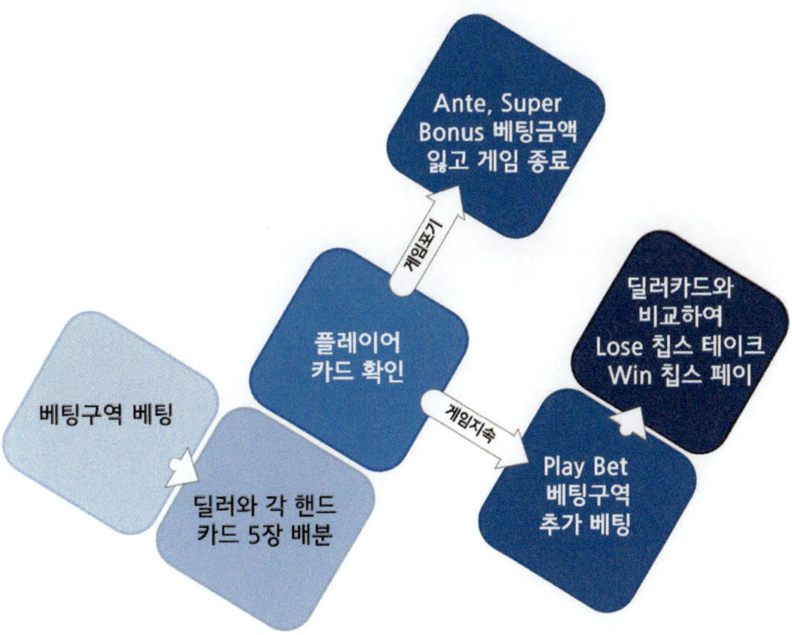

제5절 배당

1. 테이크(Take)

i. 게임을 포기하는 경우(Fold) Ante, Super Bonus Bet 테이크

ii. 딜러와 승부를 겨루는 경우 Ante Bet, Play Bet 테이크

iii. 플레이어 카드 스트레이트 미만으로 딜러와 승부를 겨루는 경우 Super Bonus Bet 테이크

2. 페이(Pay)

i. 딜러와 승부를 겨뤄 플레이어가 이기면 Ante Bet, Play Bet 베팅금액에 1배 페이

ii. 승·패 관계없이 스트레이트 이상 조합이면 조합 순위에 따라 Super Bonus Bet 페이

핸드 순위	배당률
Four Ace	200배
Four of a Kind	30배
Straight Flush	15배
Three of a Kind	2배
Flush	1.5배
Straight	1배

제6절 게임 규칙

1. 크레이지 포 포커의 조합 순위

조합	순위	설명	예시
Four of a Kind	높음	4장의 카드 / 같은 숫자	
Straight Flush		4장의 카드 / 같은 문양을 가지고 순서대로 나열	
Three of a Kind		3장의 카드 / 같은 숫자	
Flush		4장의 카드 / 같은 문양	
Straight		4장의 카드 순서대로 나열	
Two Pair		2장의 카드 / 같은 숫자 2개	
One Pair		2장의 카드 / 같은 숫자	
Ace High		1장의 카드 A(Ace)	
King High	낮음	1장의 카드 K(King)	

※쓰리오브어카인드(Three of a Kind) 〉 플러시(Flush)
포오브어카인드(Four of a Kind) 〉 스트레이트플러시(Straight Flush)

2. 게임 방법

① 플레이어는 Ante와 Super Bonus에 동일한 금액을 베팅한다. Ante, Super Bonus 베팅은 게임에 참여하기 위한 의무베팅이며, Queens Up 베팅은 플레이어의 선택사항이다.

② 딜러는 플레이어에게 각각 5장의 카드를 배분하고, 딜러 역시 5장의 카드를 받은 후 페이스 다운 상태로 놓는다.

③ 플레이어는 자신에게 배분된 카드를 확인 후, 총 5장의 카드 중 4장을 이용하여 카드 조합을 만들고 게임 지속 여부를 결정한다.

④ 플레이어가 게임을 계속하기를 원한다면 Play 베팅구역에 베팅을 해야 하는데 플레이어 핸드의 조합이 Ace 원페어 미만이면 Ante 베팅금액의 1배 칩스를 베팅할 수 있고, A 원페어 이상의 조합이면 Ante 베팅금액의 1, 2, 3배 금액 중 정하여 베팅할 수 있다. 페이스 다운으로 놓고 Ante에 베팅된 칩스 금액과 동일한 금액의 칩스를 카드위에 올려놓는다. 게임을 계속하기 원하지 않는다면 카드를 페이스 다운으로 테이블에 내려놓고 딜러에게 게임 포기 의사(Fold)를 알린다.

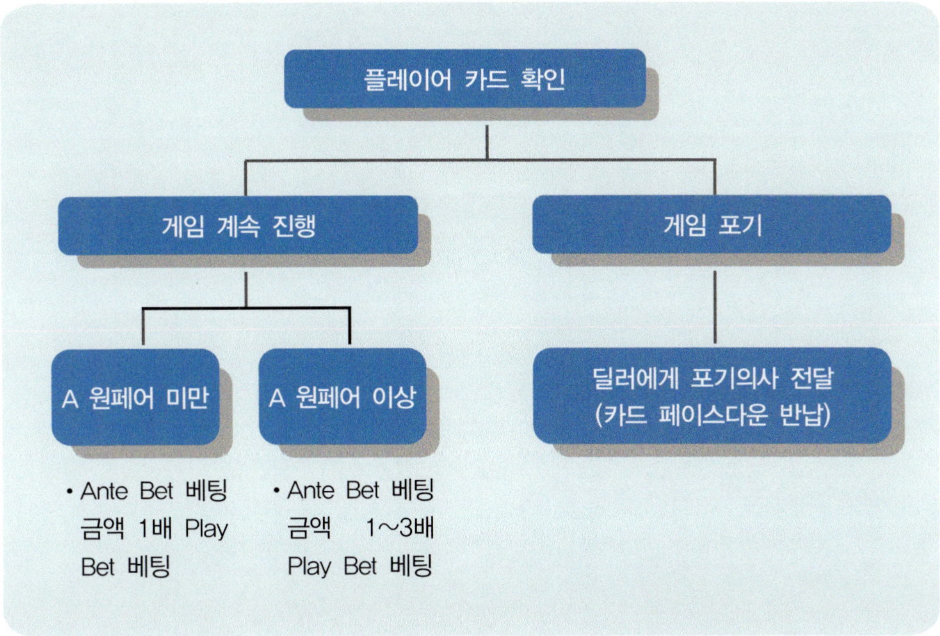

⑤ Play 베팅이 끝나면 딜러는 Fold된 핸드의 카드와 칩스를 정리한 후 딜러 카드를 오픈한다. 딜러 카드를 오픈하여 딜러 카드가 Non-Qualify가 나오면, 플레이어 핸드의 Ante 베팅구역에 베팅된 칩스는 비기게(Push) 되고 Play Bet은 페이한다. 딜러가 King High 이상의 조합이 나왔을 경우만 플레이어 카드 조합과 겨루어 높은 조합을 가진 쪽이 승리하게 된다.

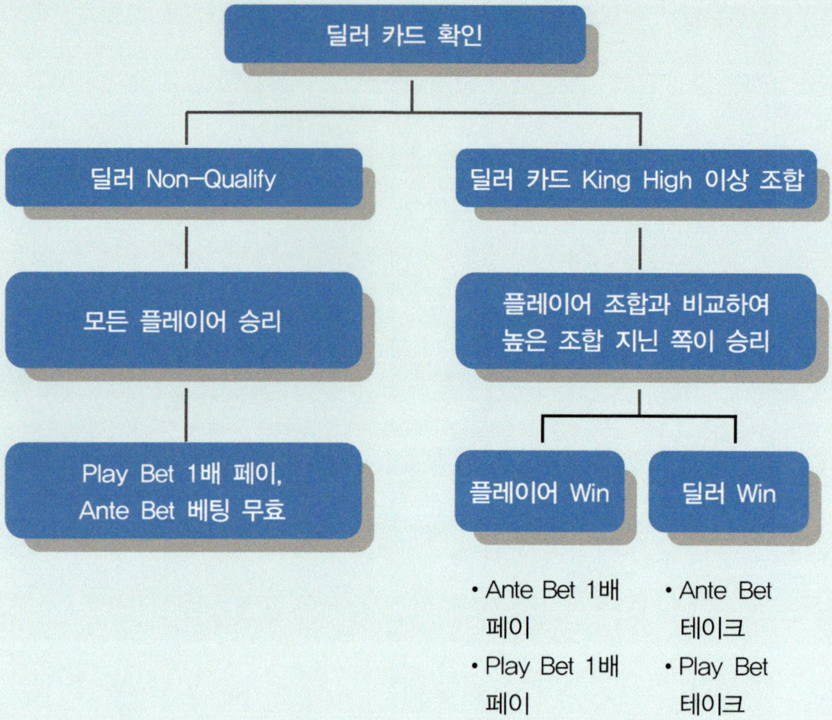

※ Super Bonus는 게임의 승패와 관계없이 당첨되면 페이하며, 만약 미당첨되면 본게임의 승부 결과에 따라 처리

미당첨 시
- 본게임이 딜러에게 이기면 Super Bonus Bet 비김(Push)
- 본게임이 딜러에게 지면 Super Bonus Bet 테이크

⑥ Super Bonus Bet은 승패와 관계없이 당첨조합이 나오게 되면 받게 되지만 당첨조합이 나오지 않으면 본게임의 승부 결과에 따라, 본게임이 이기면 푸시(Push), 본게임이 지면 Ante, Play Bet과 같이 테이크된다.

예1

딜러(Non-Qualify) VS 플레이어(플러시)

– 딜러 카드 :  (Non-Qualify)

– 플레이어 카드 :  (플러시)

→ 딜러가 Non-Qualify이기 때문에 모든 플레이어는 승리하게 되며 모든 핸드의 Play Bet은 1배 페이받게 되고 Ante Bet에 베팅한 금액은 비기게 된다. 플레이어가 Super Bonus Bet에 베팅했다면 플러시 배당금으로 베팅금액의 1.5배를 받게 된다.

예2

딜러(원페어) VS 플레이어(쓰리오브카인드)

– 딜러 카드 :  (원페어)

– 플레이어 카드 :  (쓰리오브카인드)

→ 딜러의 카드가 원페어가 나왔기 때문에 플레이어의 카드와 겨뤄 더 높은 조합이 승리하게 된다. 쓰리오브카인드가 원페어보다 더 높은 조합이기 때문에 플레이어가 승리하게 된다. 플레이어는 Play 베팅금액의 1배를 페이받게 되고 Ante 베팅금액의 1배를 페이받게 된다. 만약 플레이어가 Super Bonus Bet에 베팅했다면 쓰리오브카인드 배당금으로 베팅금액의 2배를 받게 된다.

예3

딜러(스트레이트플러시) VS 플레이어(스트레이트)

– 딜러 카드 :  (스트레이트플러시)

– 플레이어 카드 :  (스트레이트)

→ 딜러의 카드가 스트레이트 플러시가 나왔기 때문에 플레이어 카드와 겨뤄 더 높은 조합이 승리하게 된다. 스트레이트플러시가 스트레이트보다 더 높은 조합이기 때문에 딜러가 승리하게 된다. 플레이어는 Ante Bet과 Play Bet 베팅금액을 모두 잃게 된다. 그리고 배당금 규정에 따라 승패와 상관없이 스트레이트 배당금으로 Super Bonus 베팅금액의 1배를 페이받게 된다.

제7절 별도 베팅구역(Side Bet)

1. Queens Up

① 크레이지 포 포커게임 베팅구역 중 Queens Up Bet은 게임 승패와 관계없는 별도베팅구역이다. 게임 시작 전 퀸즈업 베팅구역에 칩스를 베팅하여 플레이어 카드가 특정 조합이 나오면 정해진 배당금이 지급된다. 조합이 나오지 않으면 칩스는 테이크된다.

② 퀸즈업벳 배당

핸드 순위	Pair Plus Bet 배당률
Four of a Kind	50배
Straight Flush	30배
Three of a Kind	8배
Flush	4배
Straight	3배
Two Pairs	2배
One Pair(Q, K, A)	1배

CHAPTER 14

텍사스 홀뎀 포커
Texas Hold'em Poker

Chapter

14 텍사스 홀뎀 포커
Texas Hold'em Poker

제1절 게임 개요

1. 정의

텍사스 홀뎀 포커게임은 플레이어에게 각각 주어지는 2장의 카드와 테이블 중앙에 놓이는 5장의 공유 카드, 총 7장의 카드를 조합하여 우승자를 정하는 게임이다. 공유 카드 5장 모두 나오기 전 총 3번의 베팅을 추가할 수 있는 기회가 있고 끝까지 남은 플레이어 중 가장 높은 조합을 가진 고객이 이기는 게임이다. 카지노 게임의 대다수는 카지노와 플레이어 간 승부를 겨루는 게임이지만 텍사스 홀뎀 포커는 플레이어와 플레이어 간 승부를 겨루는 게임이며 카지노는 전체 베팅금액의 일정 부분을 수수료로 받는다.

2. 유래

텍사스 홀뎀 포커는 1900년대 초 미국 텍사스 주 롭스타운에서 시작되었으며 점차 텍사스 주 전체로 확산되었다. 이후 1963년 라스베이거스에 소개되었으나 대중적이진 못해 텍사스 홀뎀 포커게임을 아는 일부 사람들만 즐겼을 뿐이었다. 이후 1970년 World Series of Poker가 처음 개최되었고, 텍사스 홀뎀 포커게임이 단순히 운에 맡겨 게임을 하는 도박이 아닌 개인의 실력에 따라 이길 확률이 높아지는 기술게임으로 인식되면서 2003년 미국 스포츠 전문 케이블 방송사인 ESPN에서 2003 World Series of Poker를 중계한 이후 많은 사람들에게 알려지게 되었다. 현재는 라스베이거스뿐만 아니라 마카오, 싱가포르, 한국 등 대부분의 카지노에 도입되었고 이 게임을 통해 프로겜블러라는 직업도 생겨났으며 겜블러가 주로 참가하는 WSOP(World Series of Poker), WPT(World Poker Tour) 등 국제 포커대회 역시 매년 개최될 정도로 큰 인기를 누리고 있다.

3. 기구명칭 및 용어 설명

① 리미트 포커(Limit Poker) : 베팅액수가 제한되어 있는 것. 플레이어들은 설정된 액수보다 높거나 낮게 베팅할 수 없다.

② 노 리미트 포커(No-Limit Poker) : 최대 베팅 한도액수가 정해지지 않은 것. 베팅이 무한으로 가능하다.

③ 딜러버튼(Dealer Button) : 딜러의 위치를 나타내기 위하여 'Dealer'라 쓰여진 작은 플라스틱 물체. 이 버튼이 놓여진 핸드에 앉은 사람이 딜러로 간주된다. 그렇다고 딜러버튼 핸드의 플레이어가 직접 게임진행을 하지는 않으며 카지노 딜러는 이 사람을 대신하여 게임을 진행한다.

④ 홀카드(Hole Card) : 각 플레이어에게 돌아가는 두 장의 카드. 플레이어 카드라고도 부른다.

⑤ 커뮤니티 카드(Community Card) : 모든 플레이어가 공유하는 총 5장의 오픈된 카드.

⑥ 스몰 블라인드(Small Blind) : 게임이 시작되기 전 베팅해야 하는 일정 금액. Big Blind의 절반에 해당하는 금액이며 딜러버튼의 좌측에 있는 플레이어가 의무적으로 해야 하는 베팅이다.

⑦ 빅 블라인드(Big Blind) : 게임이 시작되기 전 베팅해야 하는 테이블 미니멈 금액. 스몰 블라인드의 두 배에 해당하는 금액이며 스몰 블라인드 좌측에 있는 플레이어가 의무적으로 해야 하는 베팅이다.

⑧ 벳(Bet) : 자신의 순번이 오면 베팅하는 것. 베팅액수만큼 다른 플레이어는 모두

같은 금액을 베팅해야 하고, 그렇지 않을 경우 게임을 포기해야 한다.

⑨ **체크(Check)** : 자신의 순번이 왔을 때 베팅하지 않고 넘어가는 것. 다른 플레이어 모두 베팅을 하지 않으면 게임은 계속된다.

⑩ **폴드(Fold)** : 게임을 포기하는 것. 직전까지 베팅한 금액을 모두 잃게 된다.

⑪ **콜(Call)** : 다른 플레이어가 베팅한 금액에 맞춰 같은 금액만 베팅하는 것.

⑫ **레이즈(Raise)** : 금액을 올려 베팅하는 것. 레이즈를 하면 다른 플레이어도 레이즈 금액에 맞춰 추가로 베팅해야 한다.

⑬ **리 레이즈(Re-Raise)** : 다른 플레이어가 레이즈 했을 때 베팅금액을 더 올려 다시 레이즈 하는 것. 다른 플레이어들도 금액에 맞춰 추가로 베팅해야 한다.

⑭ **먹(Muck)** : 게임을 포기한 고객의 카드를 놓아두는 장소.

⑮ **팟(Pot)** : 게임이 진행되는 동안 칩스를 모아두는 장소.

⑯ **프리 플롭(Pre-Flop)** : 각 플레이어가 자신의 홀카드를 직접 확인한 상태의 베팅라운드(1단계).

⑰ **플롭(Flop)** : 커뮤니티 카드 세 장이 오픈된 후 베팅 라운드(2단계).

⑱ **턴(Turn)** : 플롭에서 커뮤니티 카드 1장이 추가로 오픈된 후 베팅 라운드(3단계).

⑲ **리버(River)** : 턴에서 커뮤니티 카드 1장이 추가되어 총 5장의 커뮤니티 카드 오픈 후 실시되는 마지막 베팅 라운드(4단계).

⑳ **쇼다운(Show Down)** : 리버까지 모든 베팅 라운드가 끝나고 순위를 가리기 위해 모든 플레이어가 홀카드를 공개하는 것.

제2절 테이블 레이아웃

1. 텍사스 홀뎀 포커 테이블 레이아웃

2. 텍사스 홀뎀 포커 베팅에 따른 분류

구분	리미트	노 리미트
특징	• 베팅 한도 금액 있음 • 미리 정한 베팅금액보다 높거나 적은 금액 베팅할 수 없음	• 베팅 한도 금액 없음 • 최소 베팅금액 있음
예시	① 프리플롭 : 1만원 ② 플롭 : 1만원 ③ 턴 : 2만원 ④ 리버 : 2만원	① 프리플랍 : 1만원+∞ ② 플랍 : 1만원+∞ ③ 턴 : 2만원+∞ ④ 리버 : 2만원+∞

※ 팟 리미트 포커게임 : 기본적으로 노 리미트 포커와 게임규칙이 동일하지만 최대베팅금액이 테이블 위에 놓여있는 금액까지만 베팅 가능

제3절 텍사스 홀뎀 포커 카드의 순위

카드숫자	A, K, Q, J, 10, 9, 8, 7, 6, 5, 4, 3, 2, A
가치	높음 ◀───▶ 낮음

NOTE

- 텍사스 홀뎀 포커에서 카드의 가치는 문양과는 관계없이 카드 숫자에 따라 결정된다. A가 가장 높은 숫자이고, 2가 가장 낮은 숫자이다. A, K, Q, J, 10 이 5, 4, 3, 2, A보다 더 높은 스트레이트이다.
  ※ 3, 2, A, K, Q ≠ 스트레이트
- 동등한 순위의 조합이 나오면 조합의 숫자가 더 높은 조합을 가진 쪽이 승리하고 조합의 숫자마저 같다면 조합 이외의 카드 중 더 높은 카드를 가진 쪽이 승리한다.

ex) ① 5, 5, K, 9, 8 VS ② 5, 5, 8, 6, 4
→ 5 원페어는 같지만 다음 비교 숫자인 K가 8보다 더 높기 때문에 ① 승리

제4절 게임 진행 순서

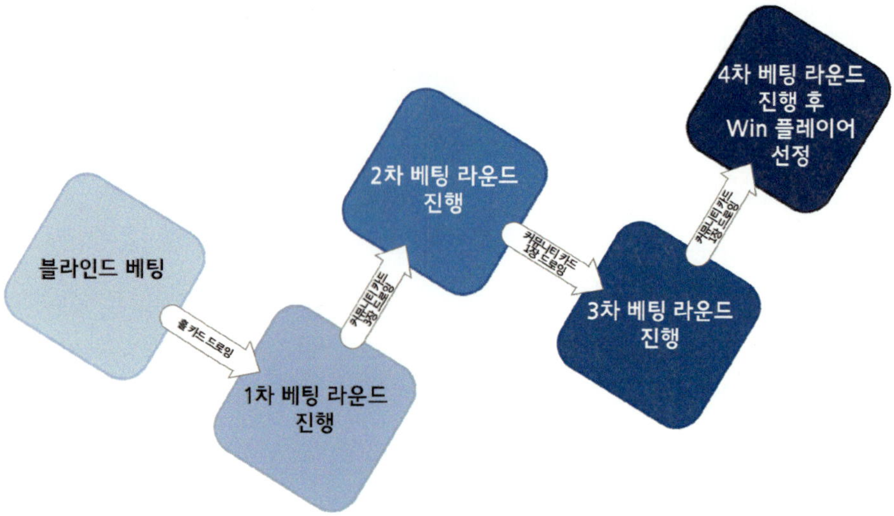

제5절 배당

1. 테이크(Take)

게임에서 지면 블라인드 베팅 및 1, 2, 3차 베팅했던 모든 칩스 잃음

2. 페이(Pay)

게임에서 이기면 누적 베팅금액 전액 승자에게 페이

- 두 명 이상의 승자가 발생하면 누적 베팅금액을 나누어 페이
- 베팅금액이 부족하면 자신이 베팅한 금액만큼만 페이

> **NOTE**
>
> - 다수의 상대방이 20만원을 베팅했는데 자신의 자산이 10만원밖에 없다면 10만원을 올인할 수 있다. 만약 그 게임에서 이긴다면 상대방들에게 10만원씩만 받는다. 테이블위에 남아있는 칩스(Side Pot)는 승자를 제외한 게임 참가자들 중 더 높은 족보를 가진 참가자가 가져간다.

3. 하우스 커미션

텍사스 홀뎀 포커게임은 고객 간 경쟁하는 게임이기 때문에 카지노는 게임 진행에 따른 수수료를 받는다. 카지노마다 상이하지만 국내에서는 팟의 5%, 최대 5만원의 수수료를 받고 있는 것이 일반적이다.

제6절 게임규칙

1. 텍사스 홀뎀 포커의 조합 순위

조합	순위	설명	예시
Royal Straight Flush	높음	5장의 카드 / 같은 문양을 가지고 A부터 순서대로 나열	
Straight Flush		5장의 카드 / 같은 문양을 가지고 순서대로 나열	
Four of a Kind		4장의 카드 / 같은 숫자	
Full House		3장의 카드 / 같은 숫자와 2장의 카드 / 같은 숫자	
Flush		5장의 카드 / 같은 문양	
Straight		5장의 카드 / 순서대로 나열	
Three of a Kind		3장의 카드 / 같은 숫자	
Two Pair		2장의 카드 / 같은 숫자 2개	
One Pair	낮음	2장의 카드 / 같은 숫자	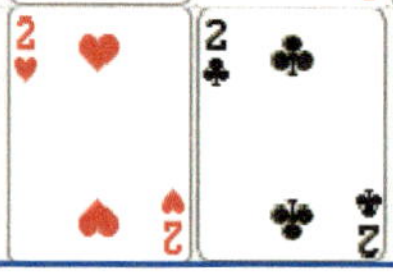

2. 게임 방법

① 텍사스 홀뎀 포커는 고객 간 경쟁하는 게임이기 때문에 반드시 2명 이상의 고객이 참가하였을 때 게임을 진행할 수 있다.

② 게임 참가자가 모이게 되면 우선 딜러 핸드를 정하게 된다. 셔플한 52장의 카드를 한 장씩 참가자에게 나누어 주고 가장 높은 가치의 카드를 가진 사람이 딜러 핸드가 된다. 딜러 핸드는 매 게임 종료 후 시계방향 순으로 한 칸씩 옮기게 되기 때문에 결국 모든 플레이어는 딜러 핸드를 맡게 된다.

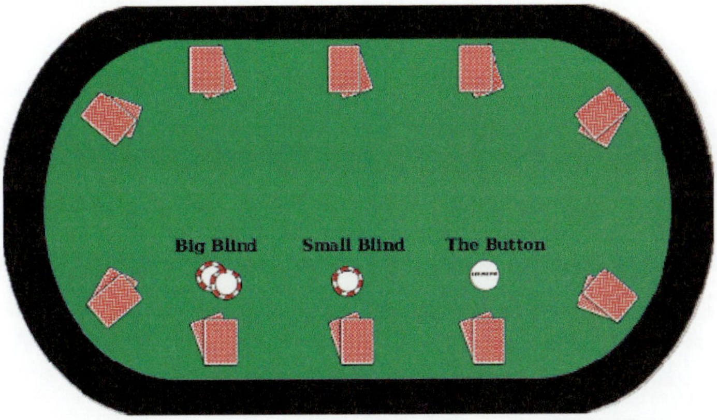

전 게임

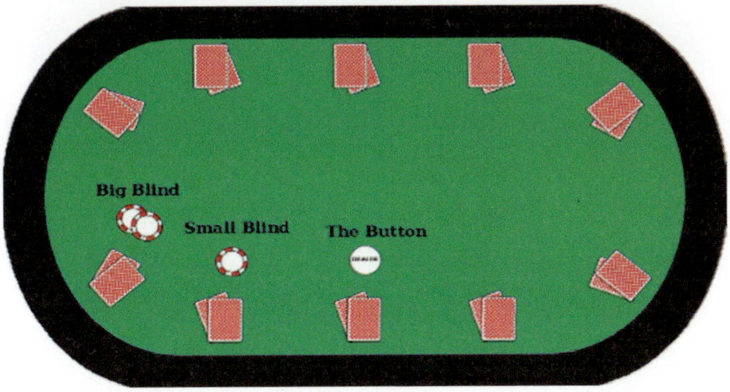

다음 게임

③ 게임 시작 전 정해진 금액의 블라인드 베팅을 해야한다. 먼저 딜러 핸드의 좌측에 있는 사람이 스몰 블라인드 베팅을 하고, 스몰 블라인드 베팅한 사람의 좌측 자리의 고객은 빅 블라인드 베팅(스몰 블라인드 금액의 2배에 해당하는 금액)을 해야 한다. 게임 참가자가 2명인 경우에는 딜러 핸드에서 스몰 블라인드 베팅을 한다.

④ 스몰 블라인드, 빅블라인드 베팅이 끝난 뒤 딜러는 스몰 블라인드 핸드부터 딜러 핸드까지 시계방향으로 페이스다운(Face Down) 으로 카드를 2장씩 배분한다.

⑤ 카드가 모두 배분되고 나면 첫 번째 베팅 라운드인 프리플롭(Pre-Flop)이 시작된다. 프리플롭에서 최초 베팅 핸드는 빅 블라인드 좌측부터 시작되고 이때 플레이어는 콜, 레이즈하여 게임을 계속 이어 나갈 수 있고 폴드하여 게임을 포기할 수도 있다. 게임에 참가한 모든 플레이어의 베팅금액이 동일해지면 첫 번째 베팅 라운드가 끝난다.

⑥ 첫 번째 베팅 라운드가 끝나면 딜러는 카드 한 장을 버닝한 뒤 다음 카드 세 장을 테이블 중앙에 오픈한다. 이 카드를 커뮤니티 카드라고 하며 플레이어는 자신이 가진 카드 2장과 테이블 위에 오픈된 커뮤니티 카드로 카드 조합을 만든다.

예

커뮤니티 카드 3장 오픈 카드 조합

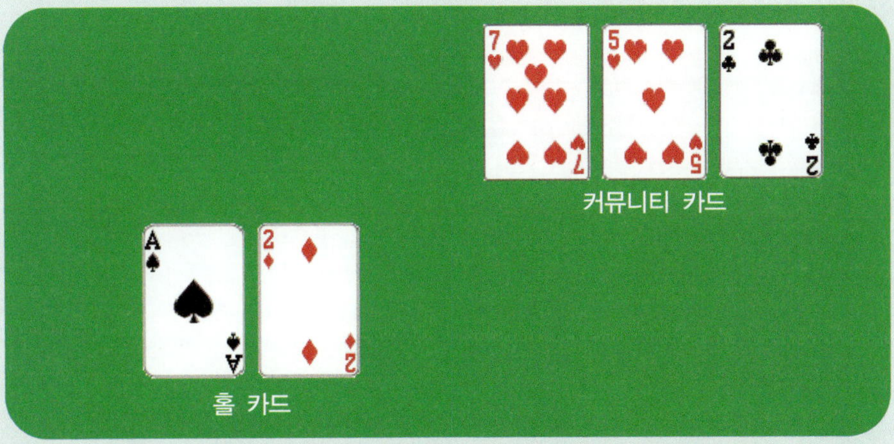

플롭 카드 드로잉 결과 7♥ 5♥ 2♣ 카드 오픈

⇩

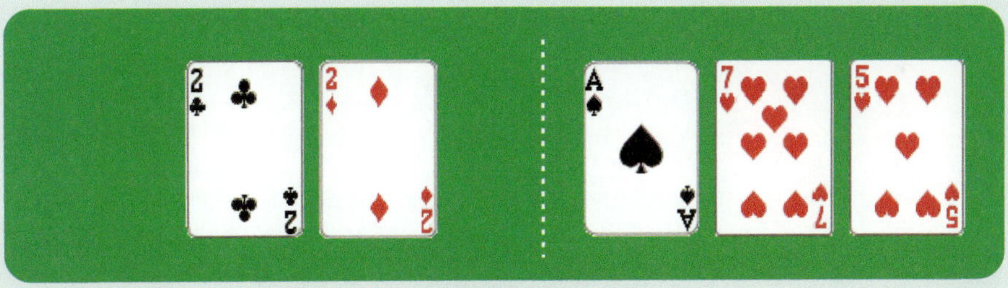

카드조합 결과 **원페어**

⑦ 커뮤니티 카드가 오픈된 후 두 번째 베팅 라운드인 플롭(Flop)이 시작된다. 플롭 단계에서는 딜러핸드 좌측 핸드인 스몰 블라인드부터 베팅이 시작되며 절차는 프리플롭과 동일하다.

⑧ 두 번째 베팅 라운드가 끝나면 딜러는 카드 한 장을 버닝한 뒤 다음 카드 한 장을 테이블 위에 오픈한다. 이 카드를 추가하여 커뮤니티 카드는 총 4장이

되고 플레이어는 자신이 가진 카드 2장과 테이블 위에 오픈된 커뮤니티 카드로 카드 조합을 만든다.

예

커뮤니티 카드 4장 오픈 카드 조합

턴 카드 드로잉 결과 2♥ 카드 추가

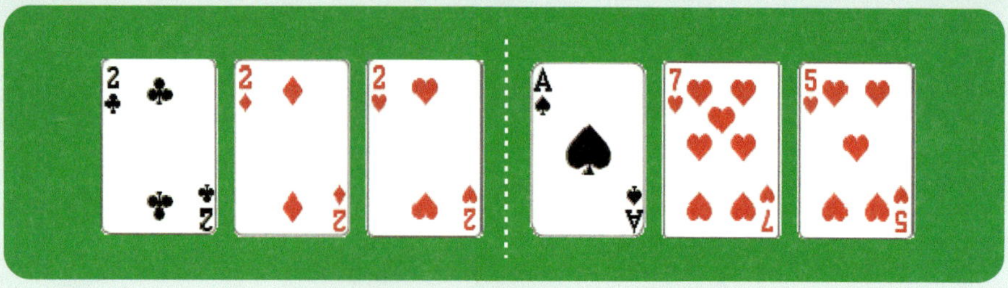

카드조합 결과 쓰리오브어카인드

⑨ 추가 1장의 커뮤니티 카드가 오픈된 후 세 번째 베팅 라운드인 턴(Turn)이 시작된다. 베팅 순서와 절차는 플롭과 동일하다.

⑩ 세 번째 베팅 라운드가 끝나면 딜러는 카드 한 장을 버닝한 뒤 다음카드 한 장을 테이블 위에 오픈한다. 이제 커뮤니티 카드는 총 5장이 되고 플레이어는 자신의 카드 2장과 커뮤니티 카드 5장으로 조합을 만든다.

예

커뮤니티 카드 5장 오픈 카드 조합

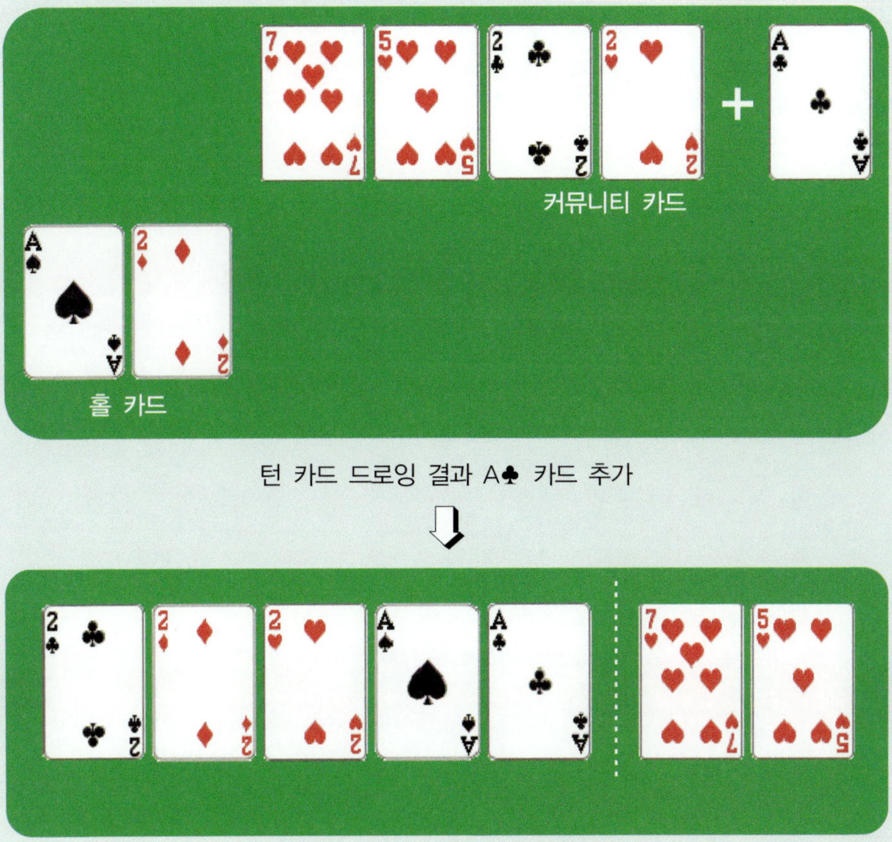

최종 카드조합 결과 풀하우스

⑪ 추가 1장의 커뮤니티 카드가 오픈된 후 마지막 베팅 라운드인 리버(River)가 시작된다. 베팅 순서와 절차는 플롭과 동일하다.

⑫ 마지막 베팅 라운드가 끝나고 모든 플레이어의 베팅금액이 동일하게 맞춰졌다면 이제 각 플레이어들은 자신이 가진 카드를 오픈한다. 오픈한 카드 중에서 가장 높은 가치의 핸드를 가진 플레이어가 승자가 된다.

⑬ 승자는 지금까지 총 4차례 베팅 라운드에서 누적되었던 베팅금액을 모두 가져가게 되고 게임은 종료된다.

제7절 텍사스 홀뎀 포커게임의 변형

1. Short Deck Poker

① 숏 덱 포커는 6 Plus Holdem이라고도 불리며 현재 국내에서는 포커 36이라는 명칭으로 도입되었다. 게임명에서 알 수 있듯이 52장의 카드 1덱에서 2, 3, 4, 5 카드 총 16장을 제외하고 36장 1덱만을 사용한다. 카드 숫자가 적어 텍사스 홀뎀 포커보다 조합이 나올 확률이 더 높기 때문에 더욱 박진감 넘치는 게임이라 할 수 있다. 기본적인 게임방식은 텍사스 홀뎀 포커와 동일하지만 조합 순위가 텍사스 홀뎀 포커과 다르다.

② 텍사스 홀뎀 포커와의 차이점

- 카드 A, 6, 7, 8, 9가 스트레이트로 인정
- 플러시는 풀하우스보다 순위가 높은 조합으로 인정
- 쓰리오브카인드는 스트레이트보다 순위가 높은 조합으로 인정

조합	순위	설명	예시
Royal Straight Flush	높음	5장의 카드 / 같은 문양을 가지고 A부터 순서대로 나열	
Straight Flush		5장의 카드 / 같은 문양을 가지고 순서대로 나열	
Four of a Kind		4장의 카드 / 같은 숫자	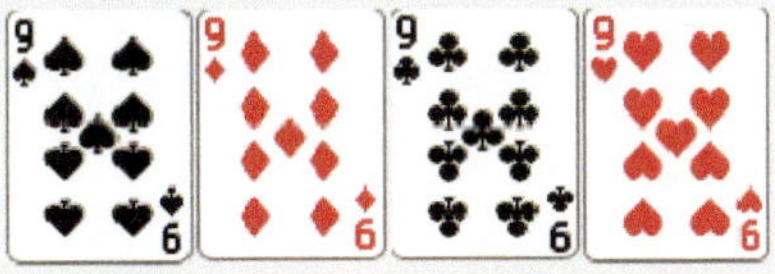
Flush		5장의 카드 / 같은 문양	
Full House		3장의 카드 / 같은 숫자와 2장의 카드 / 같은 숫자	
Three of a Kind		3장의 카드 / 같은 7숫자	
Straight		5장의 카드 / 순서대로 나열	
Two Pair		2장의 카드 / 같은 숫자 2개	
One Pair	낮음	2장의 카드 / 같은 숫자	

2. Omaha Hold'em

① 오마하 홀뎀의 가장 큰 특징은 플레이어에게 분배되는 홀 카드를 4장씩 받는 점이다. 4장의 홀 카드 중 2장을 선택하고 커뮤니티 카드 5장 중 3장을 이용해 5장의 최고의 조합을 만든다. 그 이외의 게임규칙은 텍사스 홀뎀 포커와 동일하다. 유럽과 미국에서 인기가 많은 게임인데 특히 Pot Limit(팟 리미트) 형태의 게임이 대중적으로 자리 잡았다.

② 텍사스 홀뎀 포커와의 차이점

- 4장의 홀카드를 받고 그중 2장을 선택하여 사용함
- 커뮤니티 카드 5장 중 3장만 사용가능함

예

홀 카드	
커뮤니티 카드	

	텍사스 홀뎀 포커	오마하 홀뎀
조합 결과	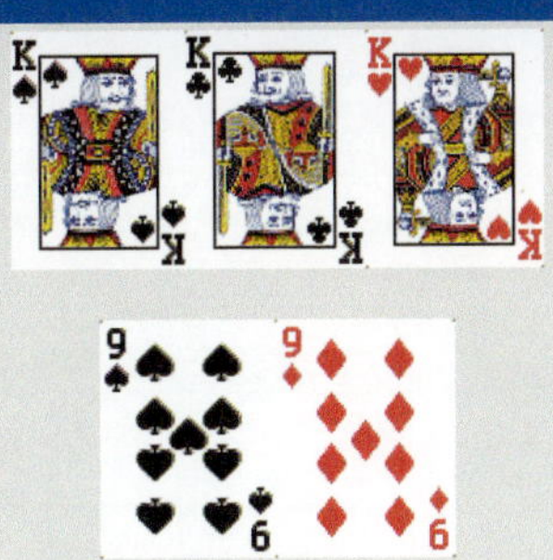 Full House	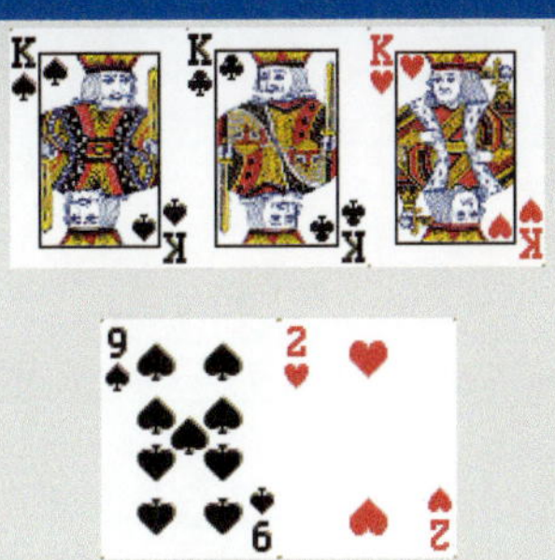 Three of a Kind
차이점	총 7장(홀카드 + 커뮤니티카드) 중 5장을 정하여 조합 완성	커뮤니티카드 5장 중 3장만 정하여 사용

CHAPTER 15

프로그레시브 텍사스 홀뎀 포커
Progressive Texas Hold'em Poker

Chapter

15 프로그레시브 텍사스 홀뎀 포커
Progressive Texas Hold'em Poker

제1절 게임 개요

1. 정의

프로그레시브 텍사스 홀뎀 포커(Progressive Texas Hold'em Poker)게임은 텍사스 홀뎀 포커게임을 변형하여 만든 게임이다. 텍사스 홀뎀게임은 플레이어와 플레이어간 승부를 겨뤄 승자를 가리는 게임이지만 프로그레시브 텍사스 홀뎀게임은 플레이어와 하우스가 일대일 승부를 겨루는 게임이다. 카드 1덱(52장)을 사용하며 플레이어와 딜러가 각 2장의 카드를 받고 커뮤니티 카드 5장과의 조합을 통해 총 카드 7장으로 만들 수 있는 5장의 카드 조합 중 더 높은 조합을 가진 쪽이 승리한다. 게임 이름에서 알 수 있듯이 게임 시작 전 베팅한 금액을 누적하여 특정조합이 나오면 정해진 상금을 지급하는 누적잭팟시스템이 있어 게임의 재미를 더한다.

2. 유래

프로그레시브 텍사스 홀뎀 포커게임은 카지노 게임 기구 제조 회사 Mikohn Gaming에서 최초 라이센스를 보유하고 있었으나 회사가 Progressive Gaming International Corporation에 인수되었고 현재는 International Game Technology사에서 이 게임의 라이센스를 보유하고 있다. 미주지역에서 최초 도입되어 보급되었지만 현재 동남아

지역 카지노 및 대한민국에도 프로그레시브 텍사스 홀뎀 포커게임이 보급되어 운영되고 있다.

제2절 테이블 레이아웃

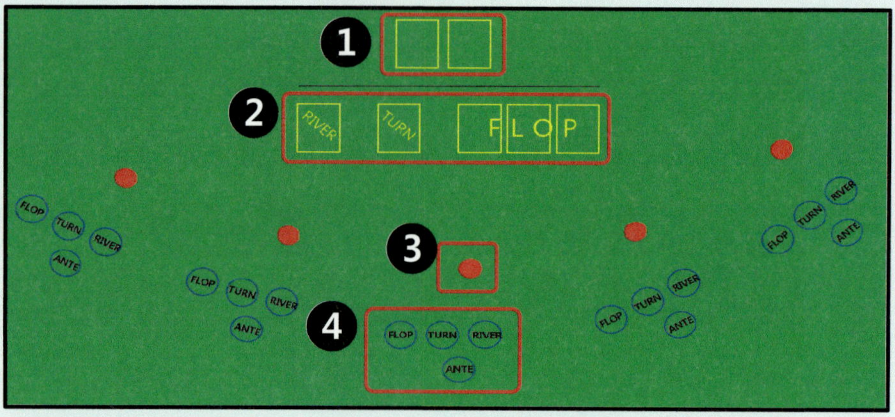

① 딜러 카드 놓는 구역 ② 커뮤니티 카드 놓는 구역
③ 프로그레시브 잭팟 베팅구역 ④ Flop, Turn, River, Ante 베팅구역

제3절 프로그레시브 텍사스 홀뎀 포커 카드 순위

카드숫자	A, K, Q, J, 10, 9, 8, 7, 6, 5, 4, 3, 2, A
가치	높음 ⟷ 낮음

NOTE

- 프로그레시브 텍사스 홀뎀 포커에서 카드의 가치는 문양과는 관계없이 카드 숫자에 따라 결정된다. A가 가장 높은 숫자이고, 2가 가장 낮은 숫자이다. A, K, Q, J, 10이 5, 4, 3, 2, A보다 더 높은 스트레이트이다.
  ※ 3, 2, A, K, Q ≠ 스트레이트
- 동등한 순위의 조합이 나오면 조합의 숫자가 더 높은 조합을 가진 쪽이 승리하며, 조합의 숫자마저 같다면 조합 이외의 카드 중 더 높은 카드를 가진 쪽이 승리한다.

ex) ① 5, 5, K, 9, 8 VS ② 5, 5, 8, 6, 4
→ 5 원페어는 같지만 다음 비교 숫자인 K가 8보다 더 높기 때문에 ① 승리

제4절 게임 진행 순서

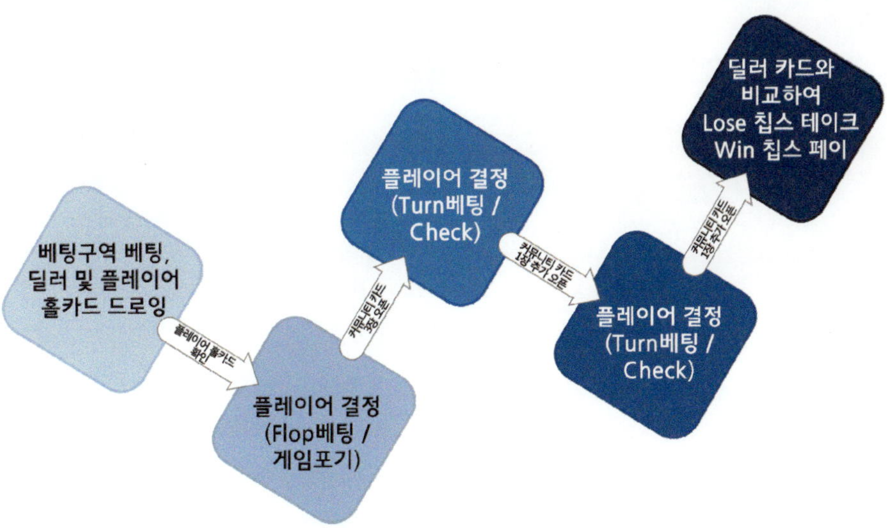

제5절 배당

1. 테이크(Take)

ⅰ. 2장의 홀 카드를 본 뒤 게임을 포기하면 Ante 베팅금액 테이크

ⅱ. 딜러와 승부를 겨루면 Ante, Flop, Turn, River 베팅금액 테이크

2. 페이(Pay)

딜러와 승부를 겨뤄 플레이어가 이길 경우

ⅰ. Flop, Turn, River Bet 각각 1배 페이

ⅱ. 플레이어 Straight 이상 조합인 경우 Ante Bet 1배 페이

제6절 게임 규칙

1. 프로그레시브 텍사스 홀뎀 포커의 조합 순위

조합	순위	설명	예시
Royal Straight Flush	높음	5장의 카드 / 같은 문양을 가지고 A부터 순서대로 나열	
Straight Flush		5장의 카드 / 같은 문양을 가지고 순서대로 나열	
Four of a Kind		4장의 카드 / 같은 숫자	
Full House		3장의 카드 / 같은 숫자와 2장의 카드 /같은 숫자	
Flush		5장의 카드 / 같은 문양	
Straight		5장의 카드 / 순서대로 나열	
Three of a Kind		3장의 카드 / 같은 숫자	
Two Pair		2장의 카드 / 같은 숫자 2개	
One Pair	낮음	2장의 카드 / 같은 숫자	

2. 게임 방법

① 게임 시작 전 플레이어는 Ante Bet에 일정금액을 베팅한다. Ante Bet 베팅은 게임 참여를 위한 의무 베팅이다.

② 딜러는 플레이어에게 각각 2장의 홀 카드를 배분한다.

③ 플레이어는 자신에게 배분된 홀 카드를 확인 후, 게임의 지속 여부를 판단한다.

④ 플레이어가 게임을 계속하기를 원한다면 Flop 베팅구역에 Ante에 베팅된 칩스 금액 2배의 칩스를 베팅한다. 게임을 계속하기 원하지 않는다면 카드를 페이스 다운으로 테이블에 내려놓고 딜러에게 게임포기(Fold)를 알린다. 게임을 포기하게 되면 Ante Bet 베팅금액을 잃고 게임이 종료된다.

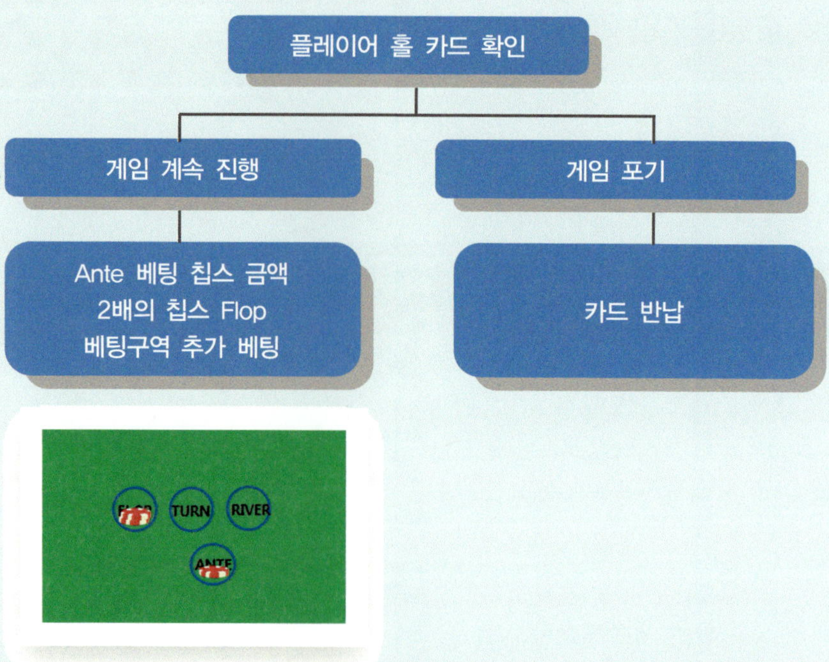

※ 게임포기를 했어도 프로그레시브 잭팟에 베팅했다면 당첨가능성이 남아 있기 때문에 게임이 종료될 때까지 카드를 테이크하지 않고 페이스 다운 상태로 핸드에 놓아둔다.

⑤ Flop 베팅이 끝나면 딜러는 커뮤니티 카드 3장을 테이블 중앙에 오픈한다.

⑥ Flop 베팅에서는 추가베팅 or 게임포기 둘 중 한 가지를 선택해야 했지만 Turn 베팅에서는 커뮤니티카드가 오픈되고 플레이어는 추가베팅(Turn 베팅)을 하거나 Check을 할 수 있다.

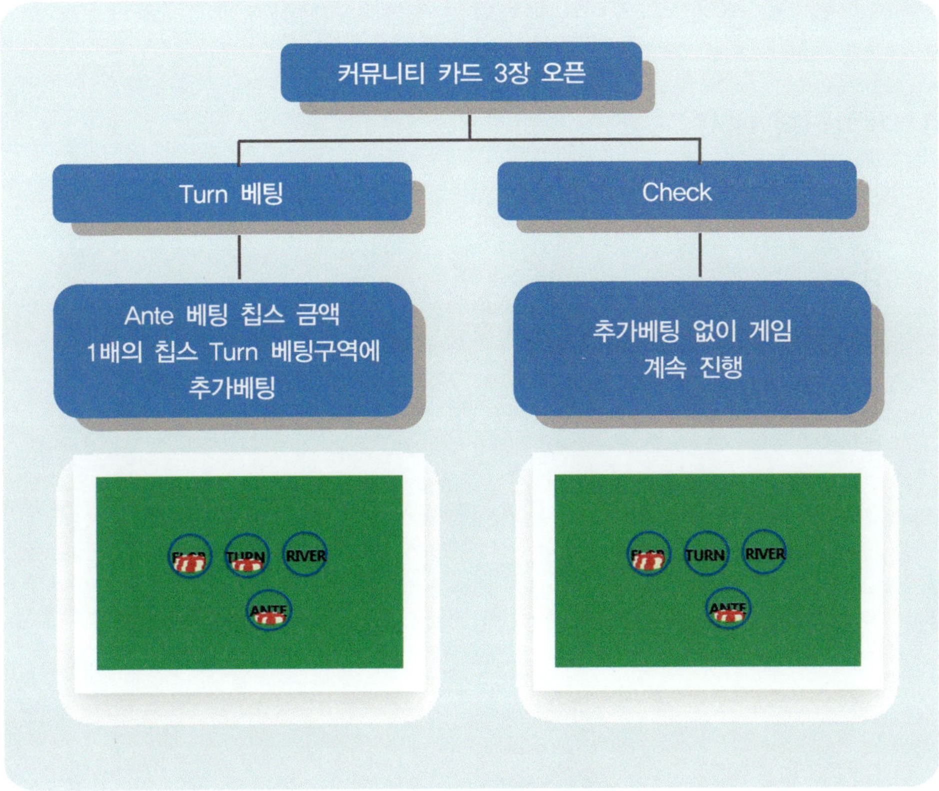

⑦ Turn 베팅이 끝나면 딜러는 네 번째 커뮤니티 카드를 오픈하여 테이블 중앙에 놓는다.

⑧ 네 번째 커뮤니티 카드가 오픈되면 Turn 베팅과 같은 방법으로 플레이어는 추가베팅(River 베팅)을 하거나 Check을 할 수 있다.

⑨ River 베팅이 끝나게 되면 딜러는 5번째 커뮤니티 카드를 오픈하여 테이블 중앙에 놓는다.

⑩ 딜러는 딜러 홀카드 2장을 오픈한 뒤, 커뮤니티 카드와의 조합을 만든다. 조합을 만든 뒤 플레이어 첫 번째 핸드부터 차례대로 홀 카드를 오픈하여 커뮤니티 카드 5장과 함께 조합을 찾아 딜러 조합과 비교하여 더 높은 조합을 가진 핸드는 Flop, River, Turn Bet에 베팅된 칩스를 페이하고, 스트레이트 이상의 조합이 나온 경우에는 Ante Bet도 페이한다. 반대로 플레이어 핸드 조합이 딜러 핸드 조합보다 낮은 경우는 모든 베팅된 칩스를 테이크한다.

3. 게임진행 예시

Ante Bet 베팅 후 홀 카드 드로잉. 플레이어는 자신에게 주어진 홀 카드 2장만 보고 게임 지속 여부를 결정한다.

1. 게임 지속 : Ante Bet 베팅금액 2배 금액을 Flop베팅구역에 베팅
2. 게임 포기 : 카드를 페이스 다운으로 놓는다.

⇩ 게임 지속(Flop 베팅)

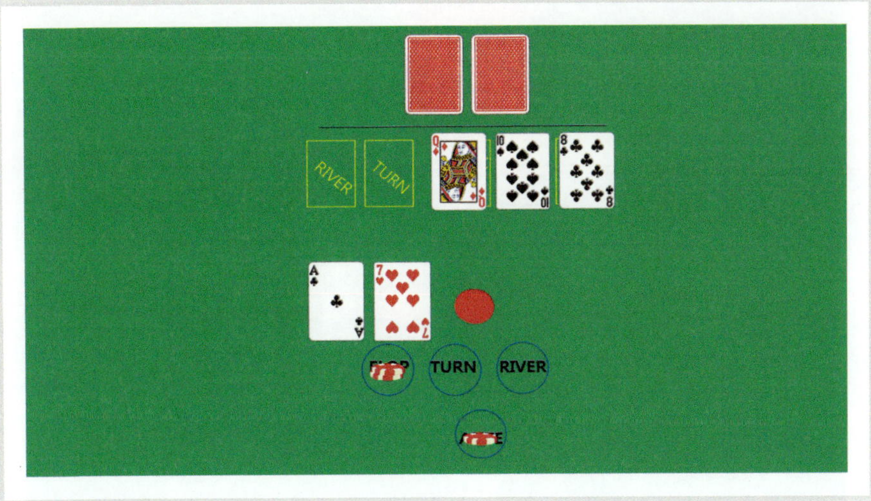

커뮤니티 카드 3장 오픈. 플레이어는 커뮤니티 카드를 보고 추가 베팅 여부를 결정한다.

1. 추가 베팅 : Ante Bet 베팅금액과 동일한 금액을 Turn 베팅구역에 베팅
2. Check : 추가베팅 없이 계속 진행

Check

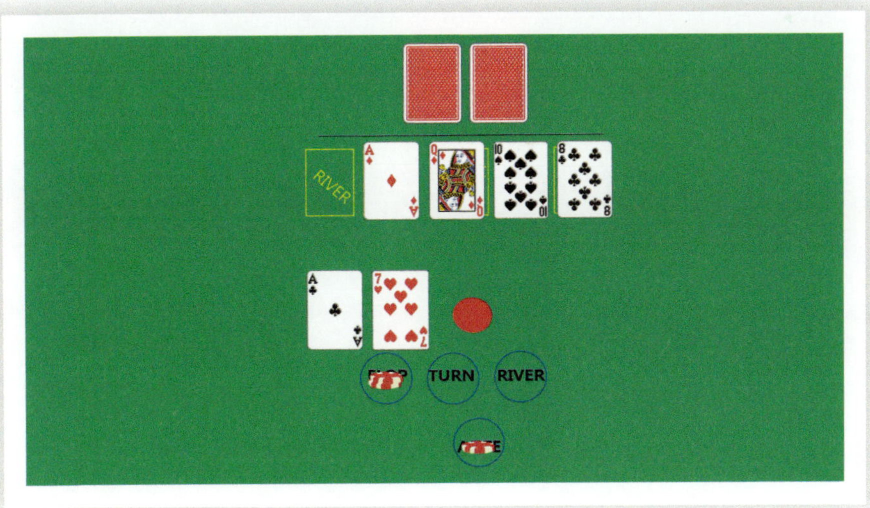

커뮤니티 카드 1장 추가 오픈. 플레이어는 추가 커뮤니티 카드를 보고 추가 베팅 여부를 결정한다.

1. 추가 베팅 : Ante Bet 베팅금액과 동일한 금액을 River 베팅구역에 베팅
2. Check : 추가베팅 없이 계속 진행

⇩ 추가 베팅 진행

커뮤니티 카드 1장 추가 오픈
딜러 카드 오픈

⇩ 카드 조합 비교

조합 결과	 투페어	 원페어
	플레이어 승(투페어 〉 원페어)	
페이	1. Flop Bet : 1배 페이 2. Turn Bet : 1배 페이 3. River Bet : 1배 페이(예시에서는 베팅하지 않아 페이 없음) 4. Ante Bet : 푸시(Push) • 플레이어 조합이 스트레이트 이상이면 1배 페이 • 플레이어 조합이 스트레이트보다 낮으면 푸시(Push)	

제7절 별도 베팅구역(Side Bet)

1. 누적식 잭팟 시스템

① 프로그레시브 텍사스 홀뎀 포커게임은 잭팟 시스템을 설치하여 운영할 수 있다. 테이블 레이아웃에 프로그레시브 잭팟에 베팅할 수 있는 구역이 따로 설치되어 있는데 게임 시작 전 이곳에 베팅하여 게임 플레이 도중 플러시 이상의 조합을 가졌을 때 게임의 승패와 관계없이 정해진 배당률에 의해 잭팟 금액을 페이받는다. 베팅금액을 연속하여 누적한 금액을 당첨된 플레이어에게 정해진 배당금액에 따라 페이한다.

② 프로그레시브 잭팟 배당금액

핸드 순위	Progressive Jackpot 배당금액
Royal Straight Flush	누적 잭팟금액의 100%
Straight Flush	누적 잭팟금액의 10%
Four of a Kind	₩500,000
Full House	₩100,000
Flush	₩50,000

CHAPTER 16

얼티밋 텍사스 홀뎀
Ultimate Texas Hold'em

Chapter

16 얼티밋 텍사스 홀뎀
Ultimate Texas Hold'em

제1절 게임 개요

1. 정의

얼티밋 텍사스 홀뎀(Ultimate Texas Hold'em)게임은 텍사스 홀뎀 포커게임을 변형하여 만든 게임이다. 텍사스 홀뎀게임은 플레이어와 플레이어 간 승부를 겨뤄 승자를 가리는 게임이지만 얼티밋 텍사스 홀뎀게임은 플레이어와 하우스가 일대일 승부를 겨루는 게임이다. 얼티밋 텍사스 홀뎀게임은 카드 1덱(52장)을 사용하며 플레이어와 딜러가 각 2장의 카드를 받고 커뮤니티 카드 5장과의 조합을 통해 총 카드 7장으로 만들 수 있는 5장의 카드 조합 중 더 높은 조합을 가진 쪽이 승리한다. 게임이 시작되면 최초 플레이어는 자신의 홀 카드(Hole Card)를 보고 Play Bet 베팅을 할 수 있는데 이때 Ante Bet 베팅금액의 최대 4배까지 베팅이 가능하다. 이후 커뮤니티 카드가 오픈됨에 따라 점차 베팅할 수 있는 금액이 줄어들게 된다. 이 베팅 시스템은 자신의 카드 조합이 더 불확실할 때일수록 더 큰 추가 베팅이 가능하다는 의미이다.

2. 유래

얼티밋 텍사스 홀뎀게임은 게임 기구 제조 회사 Shuffle Master 소속의 게임발명가인 Roger Snow에 의해 개발된 게임이며 Shuffle Master에서 게임의 라이센스를 소유하고 있다. 우리나라에는 아직 얼티밋 텍사스 홀뎀게임이 도입되지 않았지만 미주지역에서는 쉽게 찾아볼 수 있는 매우 인기있는 게임이다.

제2절 테이블 레이아웃

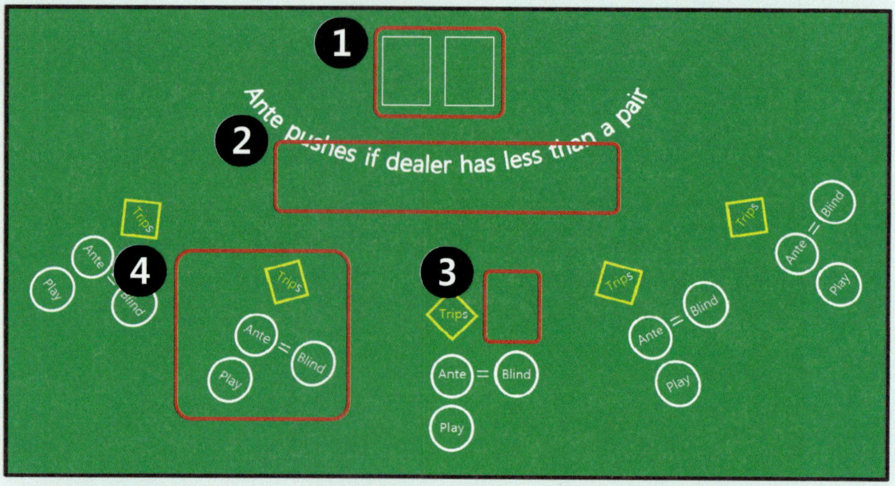

① 딜러 홀 카드 놓는 구역 ② 커뮤니티 카드 놓는 구역
③ 플레이어 홀 카드 놓는 구역 ④ Ante, Blind, Play, Trips 베팅구역

제3절 얼티밋 텍사스 홀뎀 카드 순위

카드숫자	A, K, Q, J, 10, 9, 8, 7, 6, 5, 4, 3, 2, A
가치	높음 ←→ 낮음

NOTE

- 얼티밋 텍사스 홀뎀게임에서 카드의 가치는 문양과는 관계없이 카드 숫자에 따라 결정된다. A가 가장 높은 숫자이고, 2가 가장 낮은 숫자이다. A, K, Q, J, 10이 5, 4, 3, 2, A보다 더 높은 스트레이트이다.

  ※ 3, 2, A, K, Q ≠ 스트레이트
- 동등한 순위의 조합이 나오면 조합의 숫자가 더 높은 조합을 가진 쪽이 승리하게 되며, 조합의 숫자마저 같다면 조합 이외의 카드 중 더 높은 카드를 가진 쪽이 승리하게 된다.

ex) ① 5, 5, K, 9, 8 VS ② 5, 5, 8, 6, 4

→ 5 원페어는 같지만 다음 비교 숫자인 K가 8보다 더 높기 때문에 ① 승리

제4절 게임 진행 순서

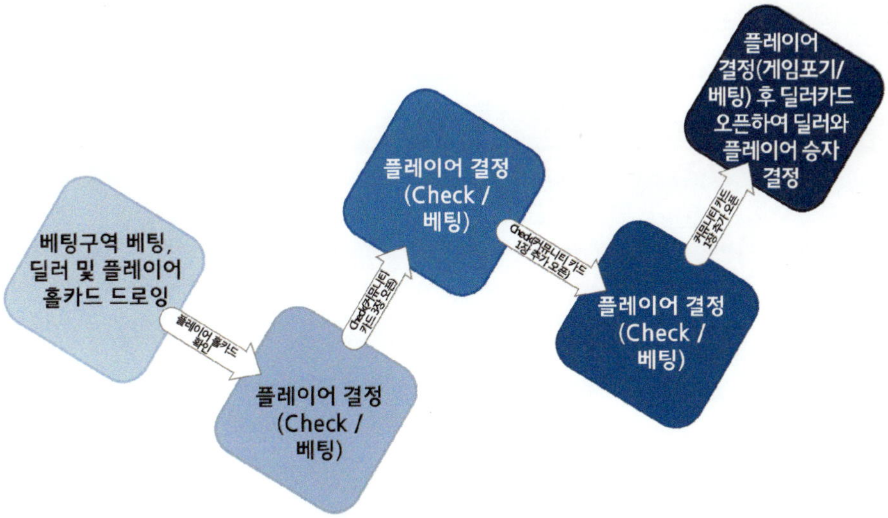

제5절 배당

1. 테이크(Take)

i. 게임을 포기하면 Ante, Blind Bet 테이크

ii. 딜러와 승부를 겨루면 Ante, Play, Blind Bet 테이크

2. 페이(Pay)

딜러와 승부를 겨뤄 플레이어가 이길 경우

i. Play Bet 1배 페이

ii. 딜러 카드 조합이 원페어 이상인 경우 Ante Bet 1배 페이

iii. Blind Bet 정해진 배당으로 페이

핸드 순위	Blind Bet 배당률
Royal Straight Flush	500배
Straight Flush	50배
Full House	3배
Flush	1.5배
Straight	1배

제6절 게임 규칙

1. 얼티밋 텍사스 홀뎀의 조합 순위

조합	순위	설명	예시
Royal Straight Flush	높음	5장의 카드 / 같은 문양을 가지고 A부터 순서대로 나열	
Straight Flush		5장의 카드 / 같은 문양을 가지고 순서대로 나열	
Four of a Kind		4장의 카드 / 같은 숫자	
Full House		3장의 카드가 같은 숫자이고 2장의 카드가 같은 숫자	
Flush		5장의 카드 / 같은 문양	
Straight		5장의 카드 순서대로 나열	
Three of a Kind		3장의 카드 / 같은 숫자	
Two Pair		2장의 카드 / 같은 숫자 2개	
One Pair	낮음	2장의 카드 / 같은 숫자	

2. 게임 방법

① 게임 시작 전 플레이어는 Ante Bet과 Blind Bet에 각각 동일한 금액을 배팅해야 하는데 이 베팅은 게임 참여를 위한 의무 베팅이다. 그리고 Trips Bet은 당첨되면 그에 해당하는 정해진 배당금을 받는 별도 베팅구역으로 베팅하지 않아도 무방하다.

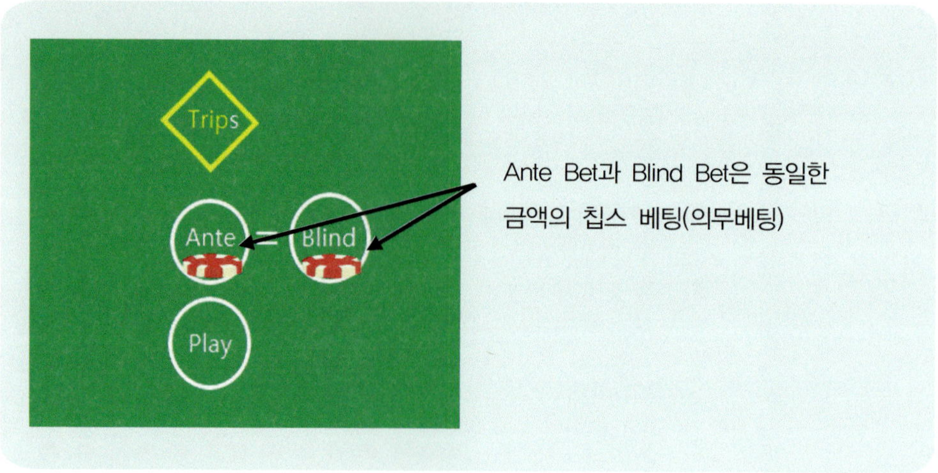

② 딜러는 플레이어에게 각각 2장의 홀 카드를 배분한다.

③ 플레이어는 자신에게 배분된 홀 카드를 확인 후 Check하거나 Play Bet 베팅을 할 수 있다. Check은 지금 베팅하지 않고 우선 다음에 나올 카드를 먼저 보고 결정하겠다는 의미이다. 첫 번째 Play Bet 베팅을 할 때는 Ante Bet에 베팅된 금액의 3배 또는 4배의 금액을 베팅해야 한다.

④ 플레이어가 Check하게 되면 딜러는 커뮤니티 카드 3장을 오픈한다. 커뮤니티 카드 오픈 후 플레이어는 두 번째 Check 또는 베팅할 수 있다. 두 번째 Play Bet 베팅은 Ante 베팅의 2배를 베팅해야 한다.

⑤ 플레이어가 Check하게 되면 딜러는 추가 커뮤니티 카드 2장을 오픈한다. 카드 오픈 후 플레이어는 게임을 포기하거나 베팅할 수 있다. 게임을 포기하려면

카드를 페이스 다운으로 테이블에 내려놓고 딜러에게 게임 포기 의사(Fold)를 알린다. 세 번째 Play Bet 베팅은 Ante Bet 베팅금액의 1배를 베팅해야 한다.

⑥ 플레이어의 Play Bet 베팅이 끝나게 되면 딜러 카드 조합과 플레이어 카드 조합을 비교하여 승패를 가린다.

⑦ 플레이어가 지면 Ante, Play, Blind Bet 모두 잃게 된다.

⑧ 플레이어가 이기면 Play Bet을 1배 페이받고 Ante Bet은 딜러 카드조합이 원페어 이상인 경우만 1배 페이받는다. 만약 딜러 카드조합이 원페어 이상이 아니라면 플레이어가 이겼다 할지라도 Ante Bet을 배당받지 못한다. Blind Bet은 플레이어가 스트레이트 이상의 조합으로 딜러에게 이겼을 경우 정해진 배당대로 페이받고, 정해진 배당에 해당하는 조합이 나왔어도 딜러와 비기면 푸시(Push), 지면 베팅금액은 테이크된다.

구분	1차 Play Bet 베팅	2차 Play Bet 베팅	3차 Play Bet 베팅
베팅 시기	커뮤니티 카드 오픈 전	커뮤니티 카드 3장 오픈 후	커뮤니티 카드 2장 추가오픈 후
예시 (커뮤니티 카드)	 Check ⇨	 Check ⇨	
베팅 가능 금액	Ante 베팅금액 3배 또는 4배	Ante 베팅금액 2배	Ante 베팅금액 1배
설명	커뮤니티 카드 확인 없이 홀카드 2장만 확인 후 베팅	커뮤니티 카드 3장, 홀카드 2장 확인 후 베팅	커뮤니티 카드 5장, 홀카드 2장 확인 후 베팅

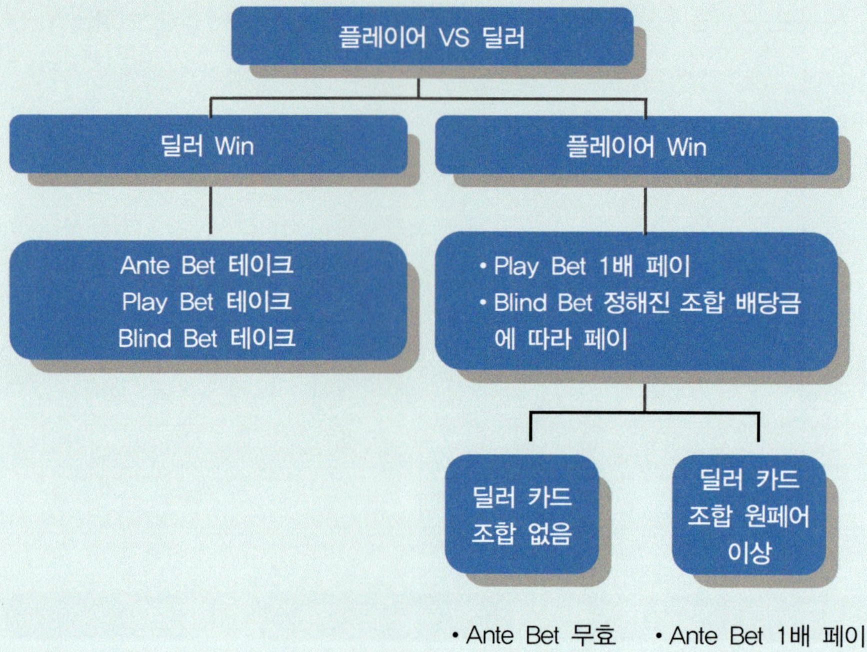

※ Trips Bet은 게임의 승패와 관계없이 당첨된 경우 페이

3. 게임진행 예시

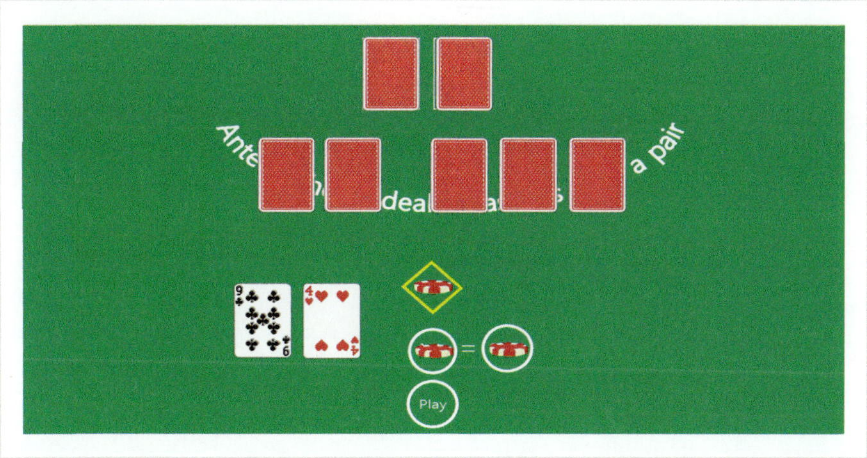

Ante, Blind, Trips Bet 베팅 후 카드 드로잉. 플레이어는 자신에게 주어진 홀 카드 2장만 보고 베팅 여부를 결정한다. 이 단계에서 Play Bet 추가 베팅금액은 Ante Bet의 3배 또는 4배까지 가능하다.

⇩ 1차 추가 베팅하지 않고 Check

커뮤니티 카드 3장이 오픈되어 플레이어는 최초 확인한 홀 카드를 포함하여 총 5장의 카드를 보고 베팅 여부를 결정한다. 이 단계에서 Play Bet 베팅 추가 금액은 Ante Bet의 2배까지 가능하다.

Play Bet 베팅

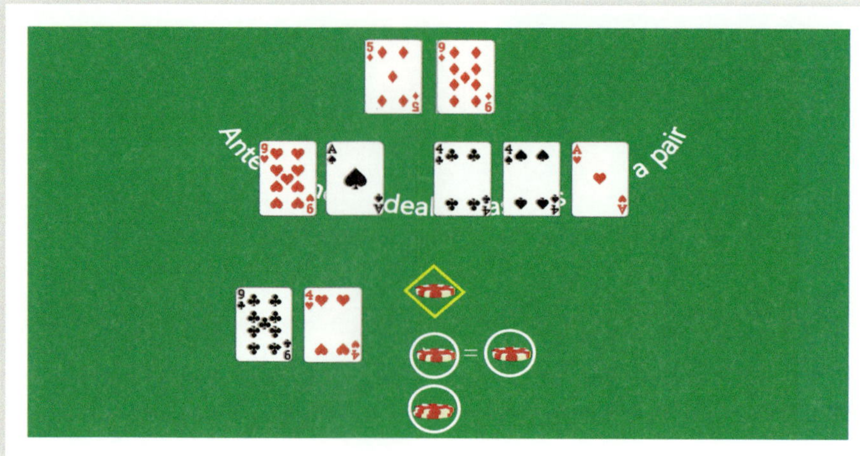

Play Bet 베팅이 끝나고 커뮤니티 카드 2장 추가 오픈 후 딜러 홀카드 오픈

카드 조합 비교

	플레이어	딜러
조합 결과	 풀하우스	 투페어
	플레이어 승(풀하우스 〉 투페어)	

페이

1. Play Bet : 1배 페이(딜러에게 승리)
2. Ante Bet : 1배 페이(딜러 카드조합 원페어 이상)
3. Blind Bet : 3배 페이
   - 딜러에게 승리한 경우 조합 배당률에 따라 페이
4. Trips Bet : 8배 페이
   - 게임 승패와 관계없이 조합 배당률에 따라 페이

핸드 순위	Blind Bet 배당률
Royal Straight Flush	50배
Four of a Kind	30배
Full House	8배
Flush	6배
Straight	5배
Three of a Kind	3배

제7절 별도 베팅구역(Side Bet)

1. Trips Bet

① 얼티밋 텍사스 홀뎀게임 베팅구역 중 트립벳은 게임 승패와 관계없이 진행되는 별도의 게임이다. 게임 시작 전 Trips 베팅구역에 베팅하고 플레이어 카드가

특정 조합을 가졌을 때 정해진 배당률에 의해 배당금이 지급된다. 조합이 나오지 않으면 베팅금은 테이크된다.

② 트립벳 배당

핸드 순위	Trips Bet 배당률
Royal Straight Flush	50배
Four of a Kind	30배
Full House	8배
Flush	6배
Straight	5배
Three of a Kind	3배

CHAPTER 17 키노 Keno

Chapter

17 키노Keno

제1절 게임 개요

1. 정의

키노(Keno)게임은 1~80까지의 숫자가 적힌 종이 티켓에 최소 1개에서 15개의 번호를 선택한 후 유리 실린더 안에 1~80까지의 숫자가 적힌 볼을 넣고 무작위로 20개의 볼을 뽑아 볼에 새겨진 숫자와 플레이어가 선택한 숫자가 몇 개 일치하는지에 따라 배당금이 지급되는 게임이다. 카지노는 미리 당첨 종류에 따른 당첨 배당률을 설정하여 그 배당률에 맞게 페이한다. 키노게임은 카지노 어드밴티지가 높아 플레이어에게 불리한 게임이라는 인식이 있지만 실제로 다른 게임에 비해 베팅금액이 낮고 게임이 천천히 진행되어 음료와 음식과 함께 느긋하게 즐기는 놀이 성격이 강해 오히려 다른 게임보다 적은 돈으로 즐길 수 있는 게임이다.

2. 유래

키노란 단어의 어원은 프랑스나 라틴어에서 시작되었고, 키노의 기원은 수많은 설이 있지만 공통적으로 중국에서 시작되었다고 한다. 키노게임의 수익을 이용하여 중국 만리장성을 쌓기 위한 비용을 조달하는 데도 쓰였다고 하며 중국 이민자들이 1850년대 미국으로 건너오면서 키노가 알려졌다. 중국에서는 120개의 한자로 게임을 진행했지만 한자를 잘 모르는 미국인들로 인해 한자를 숫자로 변경했고 키노의 숫자가 120개에서 80개로 바뀌었다. 키노게임은 이제 미국에서 인기있는 게임이 되었으며 전 세계 많은 카지노에 보급되어졌다. 복권 또한 키노의 한 종류로 볼 수 있다.

3. 기구명칭 및 용어 설명

① 키노 블로어(Blower)

② 키노 보드(Board)

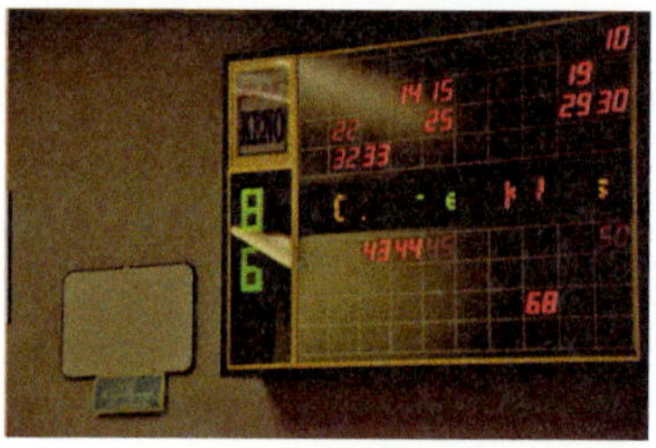

③ 키노 카드(Card)

1	2	3	4	5	6	7	8	9	10
11	12	13	14	15	16	17	18	19	20
21	22	23	24	25	26	27	28	29	30
31	32	33	34	35	36	37	38	39	40
41	42	43	44	45	46	47	48	49	50
51	52	53	54	55	56	57	58	59	60
61	62	63	64	65	66	67	68	69	70
71	72	73	74	75	76	77	78	79	80

④ 키노 머신(machine)

① **키노 블로어(Blower)** : 키노게임에 사용되는 볼을 담은 투명한 실린더

② **키노 보드(Board)** : 키노 블로어에서 나온 볼의 숫자를 알리는 전광판

③ **키노 카드(Card)** : 8행 10열로 1~80까지의 숫자가 순서대로 나열된 키노게임용

카드

④ 키노 머신(machine) : 공을 실제로 뽑지 않고 난수 생성기(Random Number Generator)를 통해 가상으로 공이 뽑혀 운영되는 머신 기기

제2절 게임 진행 순서

제3절 배당

1. 테이크(Take)

선택한 번호와 뽑힌 볼의 숫자가 일치하는 개수가 당첨조건에 부합하지 않는 경우

2. 페이(Pay)

키노 볼이 모두 뽑히게 되면 자신이 선택한 번호와 몇 개 일치하는지에 따라 정해진 배당금을 지급 받는다.

제4절 게임규칙

1. 게임 진행

① 플레이어는 우선 키노 카드를 가져와 숫자를 선택한다. 키노 카드에는 1~80까지 총 80개의 숫자가 순차적으로 배열되어 있는데 플레이어는 최소 1개에서 최대 15개의 숫자를 선택한다. 카지노에 따라 10개, 15개로 정하여 운영하기도 한다. 키노 카드의 작성이 완성되면 카드를 들고 키노 카운터로 가서 요금을 지불하면 티켓 발급기에서 키노 카드 작성 정보가 들어있는 티켓을 뽑을 수 있는데 그 방식이 우리나라의 복권와 흡사하다. 한 번의 게임에 다수의 키노 카드를 사용하여 동시에 게임도 할 수 있으며 다양한 키노 게임 패키지도 있다. 요즘은 직접 기계 앞에 앉아 화면터치를 통해 선택번호를 정하는 자동 시스템을 도입하여 운영하기도 한다.

② 게임이 시작되면 키노 블로어에서 숫자가 새겨진 볼 20개가 뽑혀 나오게 되면 전광판에 숫자가 입력된다. 요즘 카지노에서는 실제 공을 뽑지 않고 난수생성기(Random Number Generator)를 사용하여 가상의 볼을 뽑는 시스템을 사용하기도 한다.

1	2	3	4	**5**	6	**7**	8	9	10
11	12	**13**	14	15	16	17	18	19	20
21	22	**23**	24	**25**	26	27	**28**	**29**	30
31	32	33	34	35	36	37	38	39	**40**

41	42	43	44	45	**46**	47	48	**49**	**50**
51	**52**	53	54	55	56	57	**58**	59	60
61	**62**	63	64	65	66	**67**	68	**69**	70
71	72	73	74	**75**	76	77	78	79	80

③ 플레이어가 선택한 1~15개의 숫자와 뽑힌 20개의 공의 숫자와 몇 개 일치하는지에 따라 배당금이 달라진다.

예

플레이어가 선택한 숫자의 개수 : 5개

일치한 숫자의 개수	$1 베팅	$2 베팅
3	1$	2$
4	10$	20$
5	800$	1600$

④ 키노 티켓이 당첨되면 키노 담당 직원에게 알리고 당첨금을 받는다.

CHAPTER 18

빙고
Bingo

Chapter

18 빙고Bingo

제1절 게임 개요

1. 정의

빙고(Bingo)게임은 25개(5×5)의 빈 칸에 1~75까지의 숫자가 무작위로 적혀진 티켓을 준비하고 투명 유리 실린더 안에서 나온 1~75까지의 숫자가 새겨진 볼이 하나씩 뽑히게 되면 그 번호와 같은 번호가 플레이어가 들고 있는 티켓에 있으면 하나씩 표시하고 그 표시가 연속으로 이어져 가로, 세로 또는 대각선 라인이 다른 플레이어보다 먼저 만들어지면 이기는 게임이다. 라인이 완성되면 손을 들고 '빙고'라 외친다. 그러면 게임 호스트가 카드 검증을 통해 당첨자를 확인한다. 빙고 게임은 다양하게 발전되어 왔다. 번호가 하나도 맞지 않으면 주는 상금이 있는 등 빙고 게임을 운영하는 곳의 지정한 규칙에 따라 다양한 게임규칙 및 배당률이 있다.

2. 유래

빙고 게임의 기원은 1530년 이탈리아의 정부에 의해 만들어졌다. Lo Giuoco del Lotto D'Italia라는 복권인데 정부에서 후원하는 카지노에서 처음 시작되었으며 이는 이탈리아 정부가 기금을 조성하는 방법이었다. 이 복권은 지금도 그 명맥이 이어지고 있다. 1700년대에는 Le Lotto라는 이름으로 프랑스 상류층에서 게임을 즐겼고

1800년대 초반 영국 해군에게도 전파되었으며 독일에서는 아이들에게 수학, 글자, 역사를 가르치는 데도 활용되었다고 한다. 미국에서 빙고게임은 처음에 비노(Beano)라는 이름으로 불렸는데 뉴욕의 장난감 판매원이었던 Edwin S. Lowe라는 사람이 게임에서 당첨된 여성이 흥분하여 비노를 빙고라고 잘못 외치는 것을 보고 영감을 얻어 빙고라는 이름으로 대중화시켰다고 한다. 빙고 게임은 카지노에서도 볼 수 있지만 도박보다는 놀이 측면이 강해 사회단체의 기금 모으기 등 다양한 행사에서도 볼 수 있다.

3. 기구명칭 및 용어 설명

① 빙고 블로어(Blower)

② 빙고 보드(Board)

③ 빙고 카드(Card)

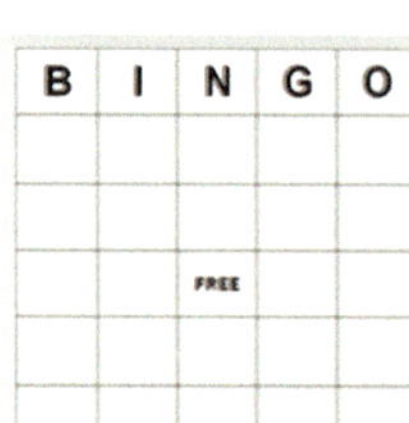

④ 빙고 전용펜(Dauber)

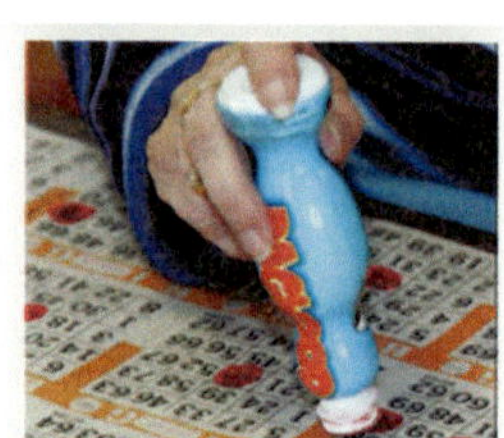

① 빙고 블로어(Blower) : 빙고에 사용되는 볼을 담은 투명한 실린더

② 빙고 보드(Board) : 빙고 블로어에서 나온 볼의 숫자를 나타내는 전광판

③ 빙고 카드(Card) : 가로, 세로 총 25개의 칸 중 중간 1칸을 제외한 24개의 칸에 번호가 인쇄되어 있는 빙고용 티켓

④ 빙고 전용펜(Dauber) : 빙고 블로어에서 나온 볼에 새겨진 숫자를 빙고 카드에 표시하는 데 쓰이는 펜

제2절 게임 진행 순서

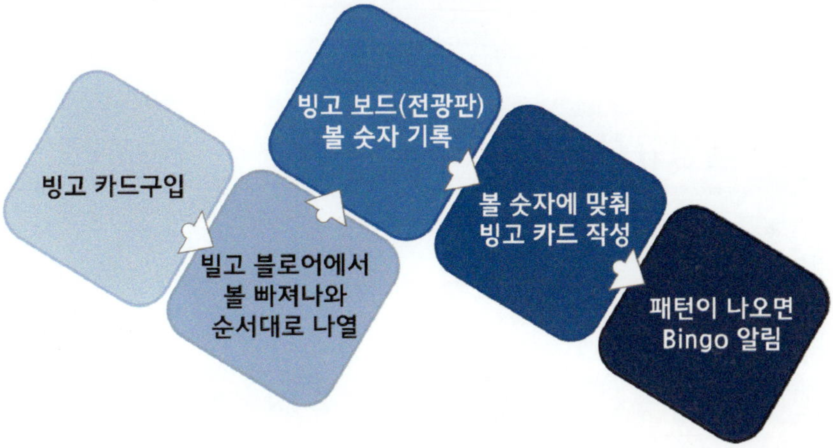

제3절 배당

1. 테이크

빙고 카드가 당첨에 부합하지 않으면 미당첨

2. 페이

빙고 카드가 빙고 당첨 조합에 부합하게 되면 '빙고'를 외치는 사람은 그에 해당하는 당첨금액을 받는다. 당첨금액은 빙고 게임을 운영하는 카지노에 따라 매우 다양하며 빙고 카드에 색칠된 모양, 그날의 특별 이벤트 등에 따라 다르게 운영하기도 한다.

제4절 게임규칙

1. 게임 진행

① 빙고게임에 참여하고자 하는 플레이어는 우선 빙고 카드를 구매한다. 빙고 카드 개수, 금액 등에 따라 매우 다양한 빙고 카드패키지가 준비되어 있다. 요즘 카지노에서는 종이를 사용하지 않고 기계를 이용하여 자동으로 빙고 카드 숫자에 마킹이 되는 자동화 시스템을 이용하는 곳이 많다.

예

가격	$ 10	$ 15	$ 25	$ 40
내용	빙고 카드 12장	빙고 카드 24장	빙고 카드 48장	빙고 카드 96장

② 카지노에서 빙고 게임은 시간을 정하여 운영하는데 홀수 시간이나 짝수 시간을 정하기도 하고 하루 운영 횟수를 정하여 일정한 사람이 모여 게임을 할 수 있도록 한다. 요일별로 참여금액, 당첨금을 다르게 설정하여 운영하기도 한다.

③ 게임이 시작되면 빙고 블로어에서 숫자가 새겨진 공이 뽑혀 나오게 된다. 공이 나오면 게임 진행자는 공 숫자를 읽어주고 전광판에 숫자가 입력된다. 보통 숫자 앞에는 빙고의 알파벳 B, I, N, G, O 5개 중 한 개가 적혀 있는데 B는 숫자 1~15, I는 숫자 16~30, N은 숫자 31~45, G는 숫자 46~60, O는 숫자 61~75 앞에 적혀 있다. (예 B5, O71)

B	1	2	3	4	5	6	7	8	9	10	11	12	13	14	15
I	16	17	18	19	20	21	22	23	24	25	26	27	28	29	30
N	31	32	33	34	35	36	37	38	39	40	41	42	43	44	45
G	46	47	48	49	50	51	52	53	54	55	56	57	58	59	60
O	61	62	63	64	65	66	67	68	69	70	71	72	73	74	75

④ 빙고 카드 또한 B, I, N, G, O가 적혀 있고 알파벳 내에 해당되는 번호가 적혀 있다. 예를 들어 B열은 1~15 내의 번호가, O열은 61번부터 75번까지의 번호가 적혀 있다.

B	I	N	G	O
14	30	33	49	71
9	18	45	59	72
5	17		56	63
13	25	32	54	61
1	21	36	60	74

⑤ 플레이어는 전광판의 숫자를 보고 자신의 빙고 카드에 같은 숫자가 있으면 빙고 전용펜을 이용하여 색칠한다. 전자식 빙고는 화면에서 자동으로 표시된다.

예

빙고 블로어에서 추첨되어 나온 볼 번호
B14 I18 G54 O74

B	I	N	G	O
14	30	33	49	71
9	18	45	59	72
5	17		56	63
13	25	32	54	61
1	21	36	60	74

⑥ 기본적인 빙고 게임의 당첨 모양은 가로, 세로, 대각선으로 색깔이 칠해져 라인이 형성되면 라인 5개를 기준으로 한다. 또한 볼 50개가 나오기 전 빙고가 나오는 등 특수한 당첨 조건이나 빙고 카드 그림 모양을 이용하여 잭팟 및 배당금을 따로 정하여 운영하기도 한다.

예

빙고 특별 당첨모양

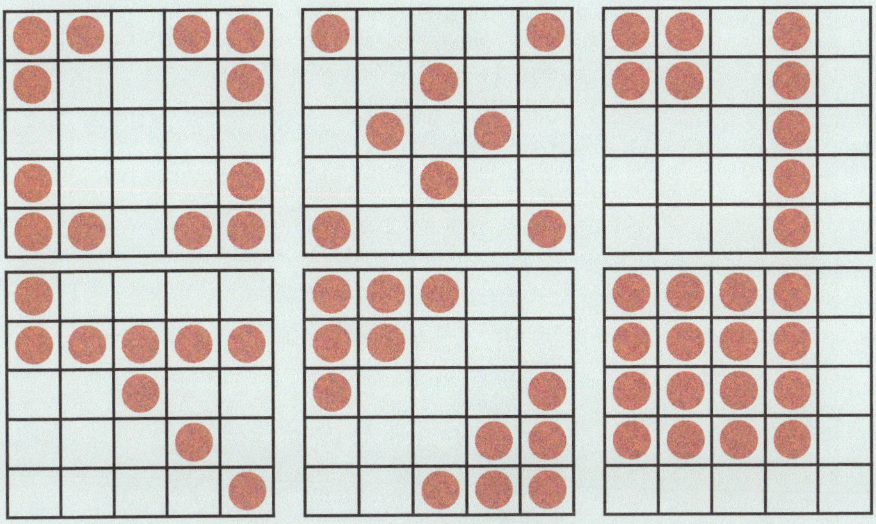

CHAPTER 19

국내 카지노 현황

Chapter

19 국내 카지노 현황

제1절 인천 & 서울 지역

파라다이스 시티			
PARADISE CITY		인천 중구 영종해안남로321번길 186	
허가일	1967년 8월	카지노 면적(㎡)	8,726
입점 호텔	파라다이스시티	객실 수(개)	769
테이블 게임(대)	151	비디오 게임(대)	289
		전자테이블 게임(대)	88
테이블 게임 종류	바카라, 블랙잭, 룰렛, 다이사이, 쓰리 카드 포커, 텍사스 홀뎀, 프로그레시브 텍사스 홀뎀, 빅휠		
전자테이블 게임 종류	바카라, 룰렛, 다이사이		

파라다이스 카지노 워커힐지점			
PARADISE		서울특별시 광진구 워커힐로 117	
허가일	1968년 3월	카지노 면적(㎡)	2,685
입점 호텔	워커힐호텔앤리조트	객실 수(개)	825
테이블 게임(대)	103	비디오 게임(대)	121
		전자테이블 게임(대)	40
테이블 게임 종류	바카라, 블랙잭, 룰렛, 다이사이, 캐러비언 스터드 포커, 쓰리 카드 포커, 텍사스 홀뎀		
전자테이블 게임 종류	바카라, 룰렛		

세븐럭 카지노 서울강남코엑스점			
Seven Luck CASINO		서울 강남구 테헤란로87길 58 컨벤션별관	
허가일	2005년 1월	카지노 면적(㎡)	2,151
테이블 게임(대)	81	비디오 게임(대)	120
		전자테이블 게임(대)	30
테이블 게임 종류	바카라, 블랙잭, 룰렛, 다이사이, 쓰리 카드 포커, 텍사스 홀뎀		
전자테이블 게임 종류	바카라, 룰렛		

세븐럭 카지노 서울강북힐튼점			
Seven Luck CASINO		서울 중구 남대문로5가 395	
허가일	2005년 1월	카지노 면적(㎡)	1,728
입점 호텔	밀레니엄서울힐튼	객실 수(개)	680
테이블 게임(대)	50	비디오 게임(대)	162
		전자테이블 게임(대)	50
테이블 게임 종류	바카라, 블랙잭, 룰렛, 다이사이, 쓰리 카드 포커, 카지노워		
전자테이블 게임 종류	바카라, 룰렛		

출처 : 문화체육관광부, Google

제2절 부산 지역

파라다이스 카지노 부산지점			
PARADISE		부산광역시 해운대구 해운대해변로 296	
허가일	1978년 10월	카지노 면적(㎡)	1,483
입점 호텔	파라다이스호텔부산	객실 수(개)	528
테이블 게임(대)	52	비디오 게임(대)	62
		전자테이블 게임(대)	31
테이블 게임 종류	바카라, 블랙잭, 룰렛, 다이사이, 쓰리 카드 포커, 텍사스 홀뎀		
전자테이블 게임 종류	바카라, 룰렛, 다이사이		
세븐럭 카지노 부산롯데점			
Seven Luck CASINO		부산 부산진구 가야대로 772	
허가일	2005년 1월	카지노 면적(㎡)	1,583
입점 호텔	부산롯데호텔	객실 수(개)	650
테이블 게임(대)	44	비디오 게임(대)	105
		전자테이블 게임(대)	20
테이블 게임 종류	바카라, 블랙잭, 룰렛, 다이사이, 쓰리 카드 포커		
전자테이블 게임 종류	바카라, 룰렛, 다이사이		

출처 : 문화체육관광부, Google

제3절 제주 카지노

랜딩 카지노			
蓝鼎集团 LANDING GROUP		제주 서귀포시 안덕면 신화역사로304번길 38	
허가일	1990년 9월	카지노 면적(㎡)	5,581
입점 호텔	랜딩호텔앤리조트	객실 수(개)	
테이블 게임(대)	155	비디오 게임(대)	102
		전자테이블 게임(대)	137
테이블 게임 종류	바카라, EZ바카라, 두오바오바카라, 블랙잭, 룰렛, 다이사이, 캐리비언 스터드 포커, 쓰리 카드 포커, 텍사스 홀뎀, 포커36		
전자테이블 게임 종류	바카라, 룰렛, 다이사이, 빅휠		

공즈 카지노			
GONGZI 皇爵		제주 제주시 탑동로 66	
허가일	1975년 10월	카지노 면적(㎡)	1,604
입점 호텔	라마다프라자제주호텔	객실 수(개)	400
테이블 게임(대)	44	비디오 게임(대)	24
테이블 게임 종류	바카라, 블랙잭, 룰렛, 다이사이, 캐리비언 스터드 포커, 마작		

파라다이스 카지노 제주지점			
PARADISE		제주 제주시 노연로 80	
허가일	1990. 9.	카지노 면적(㎡)	1,265
입점 호텔	메종글래드제주	객실 수(개)	513
테이블 게임(대)	39	비디오 게임(대)	43
테이블 게임 종류	바카라, 블랙잭, 룰렛, 다이사이, 텍사스 홀뎀		

아람만 카지노			
YALANWAN		제주 서귀포시 중문관광로72번길 75	
허가일	1991년 7월	카지노 면적(㎡)	1,366
입점 호텔	제주신라호텔	객실 수(개)	429
테이블 게임(대)	37	비디오 게임(대)	0
테이블 게임 종류	바카라, 블랙잭, 룰렛, 다이사이		

로얄팔레스 카지노			
		제주 제주시 탑동로	
허가일	1990년 11월	카지노 면적(㎡)	955
입점 호텔	제주오리엔탈호텔	객실 수(개)	321
테이블 게임(대)	38	비디오 게임(대)	20
테이블 게임 종류	바카라, 블랙잭, 룰렛, 다이사이		

LT 카지노			
LT CASINO LOTTE TOUR		제주 서귀포시 중문관광로72번길 35	
허가일	1985년 4월	카지노 면적(㎡)	1,175
입점 호텔	롯데호텔제주	객실 수(개)	500
테이블 게임(대)	27	비디오 게임(대)	24
테이블 게임 종류	바카라 블랙잭, 룰렛, 다이사이, 포커		

제주썬 카지노			
Jeju SUN HOTEL & CASINO		제주 제주시 삼무로 67	
허가일	1990년 9월	카지노 면적(㎡)	1,543
입점 호텔	제주썬호텔	객실 수(개)	202
테이블 게임(대)	50	비디오 게임(대)	51
		전자테이블 게임(대)	42
테이블 게임 종류	바카라, 블랙잭, 룰렛, 다이사이		
전자테이블 게임 종류	바카라, 룰렛, 다이사이		

메가럭 카지노			
MEGALUCK 美高乐娱乐场 CASINO		제주 제주시 중앙로 151	
허가일	1995년 12월	카지노 면적(㎡)	800
입점 호텔	제주KAL호텔	객실 수(개)	282
테이블 게임(대)	29	비디오 게임(대)	24
테이블 게임 종류	바카라, 블랙잭, 룰렛, 다이사이, 텍사스 홀덤		

출처 : 문화체육관광부, Google

제4절 기타 카지노

인터불고대구 카지노			
DAEGU CASINO		대구 수성구 팔현길 212	
허가일	1979년 4월	카지노 면적(㎡)	1,485
입점 호텔	호텔인터불고대구	객실 수(개)	342
테이블 게임(대)	32	비디오 게임(대)	69
테이블 게임 종류	바카라, 블랙잭, 룰렛, 다이사이, 텍사스 홀뎀		
전자테이블 게임 종류	바카라, 룰렛		
알펜시아 카지노			
ALPENSIA		강원 평창군 대관령면 솔봉로 325	
허가일	1980년 12월	카지노 면적(㎡)	632
입점 호텔	홀리데이인리조트	객실 수(개)	214
테이블 게임(대)	23	비디오 게임(대)	30
테이블 게임 종류	바카라, 블랙잭, 룰렛, 다이사이		

출처 : 문화체육관광부, Google

제5절 내국인 카지노

강원랜드 카지노			
KANGWON LAND		강원 정선군 사북읍 하이원길 265	
허가일	2000. 10.	카지노 면적(㎡)	12,792
입점 호텔	강원랜드호텔&카지노	객실 수(개)	727
테이블 게임(대)	175	비디오 게임(대)	208
		전자테이블 게임(대)	1360
테이블 게임 종류	바카라, 블랙잭, 룰렛, 다이사이, 캐리비언 스터드 포커, 쓰리 카드 포커, 텍사스 홀뎀, 빅휠, 카지노워		
전자테이블 게임 종류	바카라, 룰렛, 다이사이		

출처 : 문화체육관광부, Google

CHAPTER 20

세계 주요 카지노 복합리조트 현황

Chapter

20 세계 주요 카지노 복합리조트 현황

제1절 라스베이거스

1. MGM Resort International

Bellagio Hotel & Casino		MGM Grand Las Vegas	
	이탈리아의 휴양지인 코모 호수에서 영감을 얻어 건축. 호텔 앞에서 펼쳐지는 분수쇼는 라스베이거스를 대표하는 볼거리 제공.		라스베이거스에서 가장 넓음. 엔터테인먼트를 테마로 6개의 쇼 스테이지가 있고, UFC 복싱 등의 경기 다수 개최.
카지노 면적(㎡)	14,400	카지노 면적(㎡)	15,500
객실 수(개)	3,933	객실 수(개)	6,161
테이블 게임(대)	148	테이블 게임(대)	127
비디오 게임(대)	1,797	비디오 게임(대)	1,625

Mandalay Bay Resort & Casino		The Mirage	
	열대바다와 미얀마 만달레이를 테마로 하는 리조트. 만달레이 비치는 라스베이거스에서 가장 인기 있는 풀장.		신기루를 테마로 하는 리조트. 볼케이노 쇼로 유명.
카지노 면적(㎡)	14,400	카지노 면적(㎡)	8,600
객실 수(개)	4,752	객실 수(개)	3,044
테이블 게임(대)	72	테이블 게임(대)	77
비디오 게임(대)	1,232	비디오 게임(대)	1,244

Luxor	
	고대 이집트를 테마로 이집트 남부도시 룩소의 지명을 따서 리조트 이름을 지음. 피라미드 형태의 건물과 야간 스카이빔이 유명
카지노 면적(㎡)	9,300
객실 수(개)	4,397
테이블 게임(대)	58
비디오 게임(대)	1,056

New York–New York	
	미국의 도시 뉴욕을 테마로 하는 리조트. 뉴욕에서 볼 수 있는 자유의 여신상, 그랜드 센트럴 터미널 등을 복제하여 꾸며 놓았음.
카지노 면적(㎡)	7,500
객실 수(개)	2,024
테이블 게임(대)	70
비디오 게임(대)	1,172

Excalibur	
	유럽 중세시대를 테마로 하며 아더왕의 신화적 검 엑스칼리버를 리조트 이름으로 사용
카지노 면적(㎡)	8,600
객실 수(개)	3,981
테이블 게임(대)	51
비디오 게임(대)	1,013

Park MGM	
	모나코의 Monte Carlo를 테마로 한 호텔을 리모델링하고 현재 Park MGM으로 이름을 변경하여 운영 중.
카지노 면적(㎡)	8,300
객실 수(개)	2,992
테이블 게임(대)	45
비디오 게임(대)	675

Circus–Circus Las Vegas	
	서커스와 카니발을 테마로 하는 리조트
카지노 면적(㎡)	8,800
객실 수(개)	3,764
테이블 게임(대)	43
비디오 게임(대)	1,245

출처 : MGM Resorts, Casino Insight(2018)

2. Caesars Entertainment

Caesars Palace

로마제국의 고급스러움이 테마. 세계적인 가수 '셀린디온'만을 위해 특별 제작된 무대가 있는 곳으로 유명

카지노 면적(㎡)	11,500
객실 수(개)	3,970
테이블 게임(대)	160
비디오 게임(대)	1,300

Paris Las Vegas

프랑스 도시 파리가 테마. 프랑스의 대표적인 건축물 에펠탑과 루브르 박물관 등의 복제품이 볼거리

카지노 면적(㎡)	8,800
객실 수(개)	2,920
테이블 게임(대)	100
비디오 게임(대)	960

Flamingo Las Vegas

미국의 남부지역 황금해안 휴양도시 마이애미가 테마

카지노 면적(㎡)	6,700
객실 수(개)	3,460
테이블 게임(대)	110
비디오 게임(대)	1,100

Harrah's Las Vegas

Mardi Gras 축제 테마. 1992년 Holiday Casino를 리모델링하여 현재의 Harrah's Las Vegas로 개명

카지노 면적(㎡)	8,200
객실 수(개)	2,540
테이블 게임(대)	90
비디오 게임(대)	1,200

Rio All-Suites Hotel & Casino

남미 국가 브라질의 가상무도회가 테마. 라스베이거스 최초 호텔 전 객실 스위트룸

카지노 면적(㎡)	10,900
객실 수(개)	2,520
테이블 게임(대)	70
비디오 게임(대)	1,060

Planet Hollywood Resort & Casino

실제 미국 할리우드 테마

카지노 면적(㎡)	6,000
객실 수(개)	2,500
테이블 게임(대)	100
비디오 게임(대)	1,020

Bally's Las Vegas		The LINQ Hotel & Casino	
	공식 테마는 없으며 산책로를 통해 자매호텔인 Paris Las Vegas 호텔과 연결됨.		세계에서 가장 높은 대관람차(High Loller)로 유명
카지노 면적(㎡)	6,300	카지노 면적(㎡)	3,000
객실 수(개)	2,810	객실 수(개)	2,250
테이블 게임(대)	70	테이블 게임(대)	70
비디오 게임(대)	950	비디오 게임(대)	790

출처 : Caesars Entertainment, Casino Insight(2018)

3. Wynn Resorts

Wynn Las Vegas		Encore Las Vegas	
	꽃을 테마로 건물 내부는 붉은색을 이용한 고급스러움 강조. 카지노 리조트 개발자로 유명한 Steve Wynn의 이름을 땀.		Wynn Las Vegas의 확장형 리조트. Wynn Las Vegas와 연결됨.
카지노 면적(㎡)	앙코르와 합쳐 17,800	카지노 면적(㎡)	윈과 합쳐 17,800
객실 수(개)	2,716	객실 수(개)	2,034
테이블 게임(대)	앙코르와 합쳐 234	테이블 게임(대)	윈과 합쳐 234
비디오 게임(대)	앙코르와 합쳐 1907	비디오 게임(대)	윈과 합쳐 1907

출처 : Wynn Resorts, Casino Insight(2018)

4. Las Vegas Sands

The Venetian Las Vegas		The Palazzo	
	이탈리아 물의 도시 베니스가 테마. 리조트 실내에 수로를 설치하여 배가 지나다니게 하는 볼거리 제공		The Venetian Las Vegas의 확장형 리조트. The Venetian Las Vegas와 연결되어 있다.
카지노 면적(㎡)	11,100	카지노 면적(㎡)	9,700
객실 수(개)	4,028	객실 수(개)	3,064
테이블 게임(대)	115	테이블 게임(대)	130
비디오 게임(대)	1,090	비디오 게임(대)	700

출처 : Las Vegas Sands, Casino Insight(2018)

제2절 마카오

1. Sands China

The Venetian Macao		Sands Cotai Central	
	미국 베네시안 라스베이거스와 같은 컨셉으로 마카오에 세워진 베네시안 리조트		3개의 유명한 호텔 브랜드 Conrad, Sheraton, Holiday Inn 입점해 있다.
카지노 면적(㎡)	34,700	카지노 면적(㎡)	34,100
객실 수(개)	2,841	객실 수(개)	6,246
테이블 게임(대)	583	테이블 게임(대)	404
비디오 게임(대)	1,529	비디오 게임(대)	1,553

The Plaza Macao		Sands Macao	
	The Venetian Macao와 연결되어 있으며 Four Seasons Hotel 입점		마카오에서 최초로 미국회사가 운영한 카지노 리조트
카지노 면적(㎡)	9,700	카지노 면적(㎡)	19,700
객실 수(개)	360	객실 수(개)	238
테이블 게임(대)	108	테이블 게임(대)	200
비디오 게임(대)	196	비디오 게임(대)	761

The Parisian Macao	
	프랑스 도시 파리를 옮겨 놓은 리조트로 에펠탑이 랜드마크
카지노 면적(㎡)	23,500
객실 수(개)	2,597
테이블 게임(대)	365
비디오 게임(대)	1,254

출처 : Sands China, Casino Insight(2018)

2. Galaxy Entertainment Group

Galaxy Macau		StarWorld Macau	
	총 6개의 유명 호텔 Banyan Tree, Okura, Galaxy, The Ritz-Carlton, JW Marriott이 입점되어 있는 대형 IR.		2006년에 개장. 마카오 반도 위치.
카지노 면적(㎡)	37,100	카지노 면적(㎡)	13,000
객실 수(개)	3,600	객실 수(개)	511
테이블 게임(대)	658	테이블 게임(대)	258
비디오 게임(대)	3,400	비디오 게임(대)	240

Broadway Macau		City Clubs(Waldo Casino)	
	3000석의 브로드웨이 극장과 브로드웨이 푸드 스트리트로 유명		2004년 7월 개장. 마카오 반도 위치
카지노 면적(㎡)	2,700	카지노 면적(㎡)	–
객실 수(개)	320	객실 수(개)	160
테이블 게임(대)	40	테이블 게임(대)	63
비디오 게임(대)	150	비디오 게임(대)	70

City Clubs(President Casino)		City Clubs(Rio Casino)	
	2006년 4월 개장. 마카오 반도 위치		2006년 개장. 마카오 반도 위치
카지노 면적(㎡)	1,400	카지노 면적(㎡)	3,300
객실 수(개)	264	객실 수(개)	449
테이블 게임(대)	16	테이블 게임(대)	150
비디오 게임(대)	–	비디오 게임(대)	90

출처 : Galaxy Entertainment Group, Casino Insight(2018)

3. SJM Holdings

Grand Lisboa		Casino Lisboa	
	2007년에 개장했으며 260m, 58층 높이의 호텔은 마카오에서 가장 높은 건물		1960년대 마카오 카지노의 대부 스탠리 호와 지인이 합작하여 세운 카지노
카지노 면적(㎡)	38,300	카지노 면적(㎡)	17,600
객실 수(개)	413	객실 수(개)	926
테이블 게임(대)	395	테이블 게임(대)	390
비디오 게임(대)	817	비디오 게임(대)	776

출처 : SJM Holdings, Casino Insight(2018)

4. Melco Crown Entertainment

Mocha Clubs

2003년에 개장하였으며 유럽의 커피 문화에서 영감을 얻은 전자게임 전용 카지노

	Mocha Clubs
카지노 면적(㎡)	2,000
객실 수(개)	–
테이블 게임(대)	–
비디오 게임(대)	1,319

Altira Macau

2007년에 개장하였으며 City of Dreams IR이 오픈하기 전까지 Crown Macau로 알려져 있음

	Altira Macau
카지노 면적(㎡)	16,000
객실 수(개)	215
테이블 게임(대)	100
비디오 게임(대)	119

City of Dreams

2009년 개장하였으며 Morpheus Hotel, Countdown Hotel, Nüwa Grand Hyatt가 입점해 있음

	City of Dreams
카지노 면적(㎡)	41,600
객실 수(개)	1,400
테이블 게임(대)	475
비디오 게임(대)	670

Studio City

2015년 개장하였으며 할리우드를 컨셉으로 하며 건물 중앙에 숫자 8 모양의 대관람차 Golden Reel로 유명

	Studio City
카지노 면적(㎡)	9,800
객실 수(개)	1,600
테이블 게임(대)	290
비디오 게임(대)	970

출처 : Melco Crown Entertainment, Casino Insight(2018)

5. Wynn Macau

Wynn Macau		Wynn Palace	
	미국 Wynn 라스베이거스와 같은 컨셉으로 Ancore까지 총 2개의 건물 IR		코타이 지역에 위치하며 다른 Wynn IR과 마찬가지로 꽃이 테마
카지노 면적(㎡)	26,384	카지노 면적(㎡)	39,000
객실 수(개)	1,008	객실 수(개)	1,706
테이블 게임(대)	303	테이블 게임(대)	310
비디오 게임(대)	957	비디오 게임(대)	1,013

출처 : Wynn Macau, Casino Insight(2018)

6. MGM China

MGM Macau		MGM Cotai	
	2007년 개장. 미술에서 영향을 받은 3개의 각기 다른 색을 가진 박스를 쌓아놓은 듯한 디자인		코타이 지역에 위치하며 '코타이의 보석상자'라는 컨셉으로 건축됨
카지노 면적(㎡)	32,100	카지노 면적(㎡)	18,500
객실 수(개)	582	객실 수(개)	1,390
테이블 게임(대)	427	테이블 게임(대)	177
비디오 게임(대)	1,019	비디오 게임(대)	982

출처 : MGM China, Casino Insight(2018)

제3절 싱가포르

1. Marina Bay Sands

Marina Bay Sands	
	비즈니스 IR의 대표적인 사례. 지금까지 개발된 독립형 IR 중 가장 많은 비용이 소모된 프로젝트
카지노 면적(㎡)	14,800
객실 수(개)	2,600
테이블 게임(대)	605
비디오 게임(대)	2,500

출처 : Marina Bay Sands, Casino Insight(2018)

2. Genting Singapore

Resorts World Sentosa	
	카지노와 테마파크가 결합된 IR. 대지면적 49만㎡(약 14만 8,225평)이며, 총 연면적 34만 3,000㎡(약 10만 3,758평)로 세계적으로 가장 넓은 면적을 자랑하는 IR
카지노 면적(㎡)	15,000
객실 수(개)	1,600
테이블 게임(대)	550
비디오 게임(대)	2,400

출처 : Google, Casino Insight(2018)

제4절 필리핀

1. Traveller International Hotel Group

Resorts World Manila	
	Resorts World 브랜드로 유명한 겐팅 그룹이 마닐라에 세운 필리핀 최초의 복합리조트
카지노 면적(㎡)	22,760
객실 수(개)	1,934
테이블 게임(대)	244
비디오 게임(대)	1,381

출처 : Google, Casino Insight(2018)

2. Bloomberry Resorts

Solaire Resort & Casino	
	마닐라 카지노 리조트 단지인 엔터테인먼트 시티 내 위치한 카지노 복합리조트
카지노 면적(㎡)	1,700
객실 수(개)	800
테이블 게임(대)	361
비디오 게임(대)	1,883

출처 : Google, Casino Insight(2018)

3. Melco Resorts & Entertainment(Philippines)

City of Dreams Manila	
	마닐라에 엔터테인먼트시티 내 Melco Crown Entertainment Leisure Philippines 에서 운영
카지노 면적(㎡)	–
객실 수(개)	946
테이블 게임(대)	380
비디오 게임(대)	1,700

출처 : Melco Resorts Philippines, Casino Insight(2018)

제5절 말레이시아

1. Genting Malaysia

Genting Highlands	
	호텔, 쇼핑몰, 테마 파크 및 카지노로 구성된 IR로 높이가 1,800 미터인 Ulu Kali 산 정상에 자리 잡고 있음. Genting Skyway는 21.6km/h의 최대 속도와 말레이시아 및 동남 아시아에서 가장 긴 케이블카로 세계에서 가장 빠른 모노 케이블카 시스템으로 인정 받고 있음.
카지노 면적(㎡)	19,000
객실 수(개)	10,437
테이블 게임(대)	660
비디오 게임(대)	3,300

출처 : Genting Malaysia, Casino Insight(2018)

제6절 캄보디아

1. NagaCorp Ltd

NagaWorld		Naga2	
	캄보디아에서 가장 규모가 크고 프놈펜의 유일한 IR		Naga World 리조트와 도로를 사이에 두고 건축된 Naga World의 확장형 리조트
카지노 면적(㎡)	20,918	카지노 면적(㎡)	28,666
객실 수(개)	713	객실 수(개)	902
테이블 게임(대)	384	테이블 게임(대)	300
비디오 게임(대)	2,250	비디오 게임(대)	2,500

출처 : NagaCorp, Google, Casino Insight(2018)

제7절 호주

1. Crown Resorts

Crown Melbourne		Crown Perth	
	멜버른에 위치한 IR. 리조트 전체 크기가 남반구에서 가장 큰 것으로 알려져 있음.		서호주 스완 강 근처에 자리잡고 있는 IR. 3개의 호텔이 입점해 있음.
카지노 면적(㎡)	20,438	카지노 면적(㎡)	7,000
객실 수(개)	1,604	객실 수(개)	1,186
테이블 게임(대)	540	테이블 게임(대)	320
비디오 게임(대)	2,628	비디오 게임(대)	2,400

출처 : World Casino Directory, Crown Resorts, Casino Insight(2017)

2. The Star Entertainment Group

The Star Sydney

Star City Casino에서 이름을 바꾸고 확장이전 후 현재 달링 하버에 위치한 IR

	The Star Sydney
카지노 면적(㎡)	9,703
객실 수(개)	623
테이블 게임(대)	200
비디오 게임(대)	1,500

Jupiters Gold Coast

세계적으로 유명한 퀸즐랜드 골드코스트에 위치한 카지노

	Jupiters Gold Coast
카지노 면적(㎡)	6,038
객실 수(개)	596
테이블 게임(대)	70
비디오 게임(대)	1,600

Treasury Brisbane

호주 브리즈번에 위치하며 고전 바로크 양식 외관으로 건축된 호텔카지노

	Treasury Brisbane
카지노 면적(㎡)	6,294
객실 수(개)	127
테이블 게임(대)	80
비디오 게임(대)	1,300

출처 : World Casino Directory, The Star Entertainment, Casino Insight(2017)

참고문헌

국내

윤지환 · 김구현 · 김유경, Global Casino Management, 한올.

육풍림 · 강만호, 카지노게이밍 실무론, 2014, 백산.

고택운, 카지노 실무용어 해설, 2007, 백산.

강원랜드, Dealing Manual, 2009.

강원랜드, KL 카지노 사전.

한국카지노업관광협회, CASINO INSIGHT, 2018.

해외

NON-COMMISSION BACCARAT WITH SUPER SIX(RWS) Game Rules

SANDS SUPER BACCARAT(MBS) Game Rules

FORTUNE PAI GOW POKER(MBS) Game Rules

인터넷

http://www.7luck.com

http://www.paradisecasino.co.kr

https://www.daegucasino.com

https://wizardofodds.com

https://www.worldcasinoindex.com

https://en.wikipedia.org

https://www.rwmanila.com

https://www.cra.gov.sg

https://www.sggaming.com

저자약력

고 동 완

제주대학교 경영학과 졸업

제주대학교 관광경영학 석사

제주대학교 관광경영학과 박사과정 수료

(주)파라다이스 제주개발 신라호텔카지노

(주)신성개발 칼 호텔 카지노 관리이사 역임

(주)유니콘 하얏트 호텔 카지노 총괄이사 역임

제주관광대학교 카지노 경영학과 학과장 역임

제주특별자치도 카지노감독과 과장 역임

손 민 호

경남정보대학교 호텔관광경영학과 졸업(카지노전공)

서울디지털대학교 경영학과 졸업

강원랜드 테이블영업팀

現)제주특별자치도 카지노감독과 재직

저자와의
합의하에
인지첩부
생략

카지노게임의 이해

2020년 3월 5일 초판 1쇄 인쇄
2020년 3월 10일 초판 1쇄 발행

지은이 고동완 · 손민호
펴낸이 진욱상
펴낸곳 백산출판사
교 정 박시내
본문디자인 강정자
표지디자인 오정은

등 록 1974년 1월 9일 제406-1974-000001호
주 소 경기도 파주시 회동길 370(백산빌딩 3층)
전 화 02-914-1621(代)
팩 스 031-955-9911
이메일 edit@ibaeksan.kr
홈페이지 www.ibaeksan.kr

ISBN 979-11-5763-226-8 13000
값 27,000원